MAISON FRATERNITE
242 Chemin Cantin
Vanier, Ontario
741-2523   K1L 6T2

l'amour

de l'exigence à la préférence

Couverture
- Maquette et illustration:
  MICHEL BÉRARD

Maquette intérieure
- Conception graphique:
  MICHEL BÉRARD

DISTRIBUTEURS EXCLUSIFS:

- Pour le Canada:
  AGENCE DE DISTRIBUTION POPULAIRE INC.*
  955, rue Amherst, Montréal H2L 3K4 (tél.: 514-523-1182)
  *Filiale de Sogides Ltée

- Pour la France et l'Afrique:
  INTER-FORUM
  13, rue de la Glacière, 75013 Paris (tél.: 570-1180)

- Pour la Belgique, la Suisse, le Portugal, les pays de l'Est:
  S.A. VANDER
  Avenue des Volontaires 321, 1150 Bruxelles (tél.: 02-762-0662)

Lucien Auger

l'amour
de l'exigence à la préférence

LES ÉDITIONS DE L'HOMME*
CANADA: 955, rue Amherst, Montréal H2L 3K4

*Division de Sogides Ltée

SOMMAIRE

Introduction 9

1. Les mythes de l'amour 15

2. Les maladies de l'amour 37

3. Amour et mariage 53

4. Amour, mariage et compatibilité 61

5. Sexualité, amour, mariage 69

6. Sexualité "sans amour" 95

7. Amour et communication 99

8. Les enfants 109

9. Amour et homosexualité 121

10. Amour, mariage, divorce 129

11. De l'exigence à la préférence 137

Appendice: Les ateliers de développement
émotivo-rationnel 141

Références 144

Introduction

Pourquoi un autre livre sur l'amour? Le sujet n'a-t-il pas été traité par les poètes, les romanciers, les philosophes, les chansonniers et les innombrables amants de tous les siècles? Peut-on espérer, après un tel déluge de mots, apporter quelque pensée nouvelle?

Un vieux dicton affirme que "tout a été dit, mais rien n'a été compris". Voilà qui est un peu rassurant, en même temps qu'inquiétant, puisque la même incompréhension séculaire risque évidemment d'englober le présent volume. Cependant, il est des raisons qui poussent un être humain à poser les gestes qu'il pose, à écrire tel livre plutôt que tel autre. Pour mon compte, ces raisons résident surtout dans le fait que, depuis presque dix ans, je parle d'amour pendant plusieurs heures, presque chaque jour. Les personnes qui viennent me consulter ou qui poursuivent une démarche thérapeutique avec moi sont pratiquement intarissables sur le sujet. Du P.D.G. au commis de bureau, de la Révérende Mère Supérieure à la prostituée, du professeur au balayeur, de la dame chic d'Outremont à la barmaid de la Main, ils et elles parlent tous d'amour. Avec des mots "sublimes" et avec des jurons, avec le rire et trop souvent dans les pleurs, depuis dix ans nous déchiffrons ensemble la *Carte du Tendre;* joie, bonheur, jalousie, enthousiasme, crainte, anxiété, dégoût, horreur, haine, voilà quelques-uns des points de cette carte que nous visitons ensemble heure après heure.

Dans l'immense nombre d'idées que j'ai entendu émettre sur l'amour pendant ces heures, la proportion d'idées irréalistes et fausses, d'affirmations absurdes et incohérentes, de notions aberrantes et destructives me paraît dépasser de loin la proportion d'idées réalistes et exactes. Il n'y a sans doute pas lieu de s'en étonner, si on s'arrête à considérer que les personnes qui viennent me consulter le font précisément parce que leur vie ne leur plaît pas et qu'elles éprouvent des difficultés dont elles croient que je peux les aider à sortir. Comme je l'ai expliqué dans *S'aider soi-même* (1974) et *Vaincre ses peurs* (1977), ce sont justement les idées irréalistes et fausses qui sont en bonne part responsables des malheurs de l'humanité et il sera normal d'en déceler la présence marquée chez ceux et celles qui font appel à un thérapeute.

On ne voit ici d'ailleurs que la pointe de l'iceberg. Même en dix années de travail, le nombre de personnes rencontrées par un thérapeute acharné ne représente qu'un microscopique échantillon de l'immense foule de tous ceux qui, à leur insu, portent dans leur esprit les germes de leur malheur. Ballottés entre la haine et la joie, entre la jalousie et l'extase, entre l'anxiété et le repos, ils n'entreront jamais en contact avec un aidant efficace et poursuivront leur chemin, souvent malheureux sans savoir pourquoi, jamais vraiment heureux, menant une existence sans vrai plaisir ni profond désespoir, entretenant inlassablement, quoique inconsciemment, les idées qui viennent gâcher inutilement leur vie heureusement brève.

L'amour jouit d'un préjugé favorable. "Comment vivre sans amour?" répètent en choeur presque tous les êtres humains. N'est-il pas aussi nécessaire que la nourriture et la boisson? "Que serais-je sans toi qui vins à ma rencontre?" déclame le poète. "Quand je t'ai aperçue, j'ai su que le bonheur venait vers moi", susurre le chanteur populaire. Devant un tel amoncellement d'inepties et de sottises, présentées d'ailleurs avec toute la force de séduction que peut exercer une publicité bien orchestrée, je me sens quelque peu débordé. Je veux donc écrire ce livre d'abord pour mettre de l'ordre dans mes propres idées et contribuer peut-être au même résultat pour mes lecteurs.

L'amour, ou plutôt les idées qu'on entretient à son sujet, peuvent être source d'un très grand bonheur mais aussi, malheureusement, d'une somme incalculable de malheurs. Il ressemble à un couteau acéré dont le propriétaire peut se servir intelligemment pour découper son rôti, mais qu'il peut utiliser aussi pour se poignarder lui-même. Je souhaite que les réflexions qui vont suivre puissent contribuer à parfaire, chez vous qui me lisez, votre habilité à utiliser l'amour comme un instrument de paix, de joie et de bonheur plutôt que comme un outil de destruction.

De toutes les émotions humaines, l'amour est peut-être la plus puissante et la plus universelle. Un être humain réussira peut-être à traverser l'existence sans éprouver beaucoup d'anxiété ou d'hostilité, beaucoup de joie ou d'enthousiasme, mais il rencontrera l'amour chaque jour de sa vie et cette émotion aura donc sur son bonheur ou son malheur une influence prépondérante.

Voilà donc certaines des raisons qui m'amènent à réfléchir avec vous sur l'amour dans les pages qui suivent. Je ne nourris pas l'espoir d'explorer toutes les facettes d'un sujet aussi vaste que touffu, mais j'aurai atteint mon objectif si je réussis à jeter un peu de clarté sur la question et si ces réflexions peuvent vous aider à être en amour plus heureux que vous ne l'êtes présentement.

Un dernier mot avant de conclure cette introduction. Il y a quelques années, peu de temps après la parution de *S'aider soi-même,* une femme que je ne connais pas m'a téléphoné pour me déclarer que je devais être un être bien racorni et desséché, que je ne devais pas avoir connu l'amour dans ma vie et qu'elle avait pour moi beaucoup de pitié. Intrigué par ces déclarations aussi péremptoires qu'inattendues, j'ai demandé à mon interlocutrice ce qui pouvait bien l'amener à de telles conclusions, fort éloignées de la vision que j'ai de moi-même. Elle me répondit alors que la façon dont j'avais parlé de l'amour dans mon livre, prétendant entre autres que l'amour n'est pas un besoin inéluctable, constituait la preuve formelle de ses affirmations.

Cette anecdote illustre à mon avis l'un des préjugés et présupposés qui viennent fausser une juste compréhension de l'amour. Pour bon nombre de gens, il est impossible de parler d'amour de façon logique et ordonnée et c'est faire la preuve de son incapacité à ressentir cette merveilleuse émotion que de tenter de le faire. Je suis évidemment persuadé du contraire et si vous m'en laissez le loisir, je m'apprête à le faire. Je ne vous parlerai pas de l'amour comme un poète ou un romancier, ni comme un trouvère ou un baladin. Je vous semblerai peut-être mettre en doute ou contredire des notions auxquelles vous tenez beaucoup et vous douterez possiblement de mon équilibre personnel et de ma santé mentale. Après tout, quand je donne des conférences sur le sujet, c'est bien là la réaction d'un certain nombre de mes auditeurs, tout comme c'est également celle de certains de mes consultants. Examinez avec soin mes arguments avant de me mettre à la poubelle ou de décider que j'ai finalement perdu la boule.

Il se peut que vous découvriez dans ces pages, si vous consentez à m'écouter jusqu'au bout, des moyens de vivre une vie plus heureuse, plus largement exempte d'anxiété, d'hostilité, de culpabilité, de dépression et de ces autres charmantes émotions qui n'agrémentent que trop souvent nos vies. Si malgré tout vous décidez que je suis un être sec, un butor dénué de sentiments humains, ma foi, n'ayant pas un besoin absolument urgent de votre affection et de votre approbation, je ne pense pas que m'en porterai beaucoup plus mal et il me restera à souhaiter qu'il en soit de même pour vous.

Je veux terminer en faisant mention des diverses personnes qui, consciemment ou non, m'ont aidé dans l'élaboration de ces pages. Au premier chef viennent les personnes avec lesquelles j'ai travaillé en thérapie ou en session de groupe depuis dix ans. C'est à leur contact que j'ai développé beaucoup des idées qui vont suivre.

Ceux qui connaissent la pensée et les oeuvres du psychologue américain Albert Ellis, s'inspirant lui-même des stoïciens antiques, Epictète et Marc-Aurèle, reconnaîtront la dette que j'ai envers ces penseurs.

Plus près de moi, mais que par pudeur je n'identifierai pas, il y a toutes les personnes que j'aime et qui, chacune à leur manière, m'aiment. Il me reste sans doute encore bien des choses à découvrir en amour comme dans tout le reste de ce vaste univers, mais j'en sais déjà assez pour savoir personnellement que l'amour peut être une source de joie intense et de bonheur merveilleux.

Comme pour tous mes livres précédents, mon collègue Jean-Marie Aubry, à titre de directeur des Editions du CIM, m'a apporté le concours de sa lecture critique et de ses commentaires aussi bienveillants qu'incisifs.

Kathleen Rankin a collaboré au rassemblement et à la sélection d'une partie des documents que j'ai utilisés. Enfin, ma secrétaire Micheline Rankin a passé des heures à déchiffrer une écriture que j'ai moi-même de la difficulté à relire. Que tous reçoivent ici l'assurance de ma gratitude et de mon... amour.

Chapitre 1

Les mythes de l'amour

S'il est un domaine ou les mythes abondent, c'est bien en amour. L'un des mythes les plus persistants soutient que l'amour est une émotion et un état si complexe qu'il défie toute définition vraiment précise et qu'il faut donc se résoudre à l'éprouver sans jamais parvenir à le comprendre.

Je n'ai pas l'intention de nier la complexité de l'état amoureux et bien d'autres se sont attardés avant moi à tenter de le définir. Je veux simplement faire appel à votre expérience personnelle pour essayer d'élaborer avec vous une définition qui tienne compte fidèlement des divers aspects de l'amour.

Vous et moi employons le verbe aimer à propos d'une variété d'objets et de personnes. J'aime Jean-Pierre, Héloïse et Gaston; j'aime aussi le printemps, les voitures sports, la tarte aux bleuets et les couchers de soleil. Par ailleurs, je n'aime pas Claude, Paulette et Hector; je n'aime pas non plus l'hiver, les carottes, les gens qui parlent fort et les films d'horreur.

Voilà l'amour comme nous le rencontrons tous les jours, en d'innombrables circonstances. En fait, à propos de presque tout, nous pouvons dire: "J'aime" ou "Je n'aime pas". Qu'est-ce que nous voulons dire par ces mots?

Il me semble que ce qui est commun à ces diverses situations est le fait qu'en présence, ou à la pensée de certaines choses ou personnes, nous ressentons du plaisir, du bien-être, du bonheur, quelque émotion agréable, alors qu'en présence ou à la pensée de d'autres, nous ressentons du déplaisir, de l'ennui, du malaise ou quelque autre émotion désagréable. Ce plaisir, ou ce déplaisir, peut être plus ou moins intense, plus ou moins prolongé, plus ou moins stable, ou être ressenti selon diverses facettes de notre personnalité totale, mais ceci ne fera pas changer la nature de l'amour; cette nature semble tout simplement résider dans le fait du plaisir ou du déplaisir que nous éprouvons à l'occasion de quelque chose ou de quelqu'un. Quand je dis: "J'aime Paulette", j'exprime par ces mots que je ressens du plaisir au contact réel ou imaginaire de Paulette. Quand je dis: "J'aime la tarte aux bleuets", j'exprime également le sentiment de plaisir que je ressens au contact réel ou à l'idée du contact avec la tarte aux bleuets.

Cette définition va nous permettre d'évacuer un deuxième mythe. Ce mythe consiste à croire qu'il existe un vrai et un faux amour. On le retrouve dans des expressions comme: "Tu ne m'aimes pas vraiment... Si tu m'aimais vraiment..." expressions par trop familières à bien des amoureux. La confusion semble naître du fait qu'on peut distinguer divers *types* d'amour, chacun d'entre eux possédant ses caractéristiques propres qui peuvent, en conséquence, être perçues comme plus ou moins agréables par diverses personnes, selon les goûts et les préférences que chacun possède. On comprendra sans difficulté qu'il semble abusif de conclure que parce qu'on préfère tel *type* d'amour, ce type constitue le "vrai" amour dont les autres types ne sont que des contrefaçons.

Prenons le cas d'Annette. Pendant ses conversations avec moi, Annette revenait sans cesse sur l'idée que les autres ne l'aimaient pas vraiment, que les hommes n'étaient que des cochons intéressés uniquement à tirer d'elle des plaisirs bassement sexuels. Encore qu'on ne voit pas pourquoi un plaisir d'ordre sexuel soit plus caractéristique des porcins qu'autre chose, et qu'on arrive mal à saisir comment un plaisir soit haut ou bas. L'erreur fondamentale d'Annette consistait à croire qu'il existe *un* vrai amour, et que le reste n'est que sous-produits méprisables.

Tout amour est *vrai* en ce sens qu'il existe, et que tout ce qui existe fait partie de la réalité. Qu'il y ait des amours brèves et d'autres longues, certaines qui se centrent sur les caractéristiques physiques de l'être aimé et d'autres sur ses caractéristiques psychologiques, que certaines soient intenses et d'autres faibles, que certaines comportent des aspects spirituels et d'autres pas, tout cela ne fait pas l'ombre d'un doute. Tout cela, Annette le savait bien, mais, contaminée par cette idée irréaliste si répandue qui affirme l'existence du *vrai* amour, elle continuait à soutenir que, quand ses partenaires s'intéressaient avant tout à son apparence physique, ils ne l'aimaient pas vraiment. Voulant être aimée pour autre chose que cette apparence physique, elle concluait abusivement que les hommes ne l'aimaient pas vraiment, plutôt que de conclure qu'ils ne l'aimaient pas *à la manière qu'elle eût préférée,* ce qui est toute autre chose.

Au cours des siècles, on a voulu convaincre les êtres humains que le vrai amour était l'amour romantique, l'amour érotique, l'amour altruiste, l'amour éternel, l'amour divin, l'amour de la patrie, l'amour filial, l'amour conjugal, l'amour d'amitié, et que sais-je encore. Philosophes, Dons Juans, théologiens, politiciens, psychologues, parents, moralistes de tout poil ont vanté l'excellence et la vérité de leur propre "marque" d'amour et condamné sans appel, comme fausse, la marque des autres fournisseurs. Ce débat stérile se poursuit depuis des siècles, dans les livres et les discours comme dans le secret des chambres à coucher, générant beaucoup de chaleur, mais pas un grain de bon sens. Nous nous trouvons ici en présence de l'ennuyeuse tendance des êtres humains à proclamer que ce qu'ils préfèrent *est bon, préférable* et *vrai,* et que ce qu'ils n'aiment pas *est mauvais, détestable* et *faux.* Une telle conclusion est évidemment absurde et il suffit d'un peu de réflexion pour s'en apercevoir. Concluons donc que *le* vrai amour n'existe pas, ou plutôt que l'amour est présent, quoique sous des formes diverses, à chaque fois qu'un être ressent du plaisir au contact d'un autre.

Un autre mythe a la vie tenace et vaut qu'on s'y arrête. Il consiste à croire qu'il est indispensable, quand un être humain en aime un autre, que cet amour soit total et englobe l'être aimé sous tous ses aspects et selon toutes ses caractéristiques. Aux dires de bien des gens, seul cet amour mériterait vraiment de porter ce nom.

A bien considérer les choses, on concluera que non seulement cet amour total et global n'est pas indispensable au bonheur mais qu'il est même impossible. L'argument suivant le démontre, je crois, de façon concluante.

Pour pouvoir aimer une personne ou une chose, c'est-à-dire pour ressentir du plaisir en sa présence ou à son idée, il est clair qu'il faut *connaître* cette personne ou cette chose. Comment ressentir du plaisir si l'objet du plaisir est inconnu? Comment pourriez-vous dire que vous aimez les carottes ou détestez les navets si vous n'en avez aucune connaissance, si vous ne savez même pas que ces légumes existent?

Pour pouvoir aimer une personne totalement, il faudrait donc pouvoir la connaître totalement, dans chacune de ses caractéristiques, dans chacune de ses actions, dans chacune de ses idées, passées, présentes et futures. Cela vous est-il possible? Evidemment non. Il n'est même pas possible de connaître de façon exhaustive et complète des êtres apparamment beaucoup plus simples: un chien, une branche de céleri, une plante. La richesse de la nature des choses et des personnes est telle que nous ne parvenons jamais à l'épuiser.

Vous ne serez donc *jamais* aimé totalement par quiconque, sauf, par définition, par un Dieu dont vous croirez qu'il vous connaît totalement. Vous ne pourrez jamais non plus aimer totalement quoi que ce soit. De même, il vous sera toujours impossible de vous aimer vous-même totalement. Vous pourrez pleurer, tempêter, proclamer que cela vous est nécessaire (heureusement, il n'en est rien!), tout cela ne changera rien à la réalité et vous serez tout bonnement et inéluctablement amené à constater que personne ne vous aime totalement, que vous n'aimez personne totalement, qu'il en a toujours été ainsi et que cela continuera à être ainsi pour toujours. Heureusement que cela n'a rien de tragique, l'être humain n'ayant pas du tout *besoin* d'être aimé totalement pour vivre une vie fort heureuse. J'y reviendrai.

Il semble somme toute plus réaliste d'admettre que tout amour est toujours partiel, que ce que chacun aime chez l'autre ou chez lui-même, ce sont certaines des caractéristiques qu'il peut percevoir chez cet autre ou en lui-même. Cette constatation m'amène à aborder avec vous l'un des problèmes à propos duquel nous, en tant qu'êtres humains, nous cassons la tête avec le plus de vigueur et les résultats les plus déplorables. Je veux parler de *l'évaluation* de soi-même et des autres.

Presque tous les spécialistes dans le domaine de la santé mentale vont répétant que l'*estime* qu'une personne a d'elle-même constitue un facteur prépondérant pour son équilibre personnel, qu'il est souverainement important pour son bonheur qu'elle ait une bonne opinion d'elle-même, qu'elle se regarde sous un jour favorable, qu'*elle s'aime elle-même.*

On peut énumérer sans effort de nombreux effets négatifs qui surviennent quand une personne ne s'aime pas elle-même. Ainsi, il est possible qu'elle passe tant de temps à considérer quelle personne misérable elle est qu'il lui reste peu de temps et d'énergie à consacrer à la solution des problèmes concrets qui se posent à elle. Concluant qu'une personne aussi détestable qu'elle ne saurait rien faire de bon, elle peut en venir à laisser ses problèmes réels prendre des dimensions paralysantes, faute de s'appliquer à les régler. C'est le cercle vicieux classique: une fois que j'ai conclu que je ne valais pas grand chose, j'en déduis que je suis incapable de régler mes problèmes. Cette conclusion m'amène à ne rien faire pour les régler et, bien sûr, mes problèmes augmentent. J'en conclus alors que je suis encore plus méprisable puisque je ne peux même pas régler mes problèmes. Et on tourne...!

Il se peut aussi qu'une personne qui s'estime peu ou pas elle-même consacre des efforts importants à tenter de prouver aux autres qu'elle est estimable et digne d'amour. Ainsi, une telle personne pourra tenter désespérément de plaire aux autres et ainsi être amenée à laisser de côté ses propres désirs pour se conformer à ceux qu'elle

19

croit percevoir chez les autres. Convaincue de sa non-valeur, cette personne cherchera souvent par compensation à "mériter" l'affection et l'approbation des autres, presque à n'importe quel prix. Persuadée qu'elle a *besoin* de l'amour des autres, il n'est presque rien qu'elle ne fera pas pour se le procurer. Il n'est pas de bassesses auxquelles elle ne consentira, pas de concessions qu'elle ne sera pas prête à accorder pour se procurer cette drogue que sera devenue pour elle l'approbation des autres.

J'ai vu des hommes et des femmes accepter de leurs partenaires des comportements absurdes, humiliants, dégradants, avilissants, et cela parfois pendant des années, pour pouvoir obtenir d'eux la goutte d'affection qui, dans le désert de leur mépris d'eux-mêmes, leur permettait, pensaient-ils, de survivre. J'ai donné souvent à ces personnes le nom d'homme ou de femme-tapis. En effet, elles se plaignent souvent que les autres les méprisent, les traitent commes des balayures, s'essuient figurativement les pieds sur elles comme on le ferait sur un paillasson. En conséquence, ces personnes sont souvent hostiles envers ceux qu'elles identifient comme des exploiteurs. A chaque fois, j'ai fait remarquer à ces hommes ou femmes-tapis que c'était leur attitude de mépris d'eux-mêmes qui favorisait presque infailliblement chez les autres les comportements qu'ils déploraient. Après tout, quand il y a un tapis dans une pièce, il est bien difficile de ne pas marcher dessus. Il est également bien difficile de ne pas être traité avec mépris et exploitation quand on se prosterne devant un autre.

Je me souviens d'une dame (appelons-la Béatrice) que j'ai rencontrée il y a quelques années et qui constitue un exemple vivant de cette tendance. Pour diverses raisons qu'il serait long d'énumérer ici, Béatrice en était graduellement venue à s'estimer elle-même très négativement. A ses yeux, elle ne valait rien. Elle s'était mariée vingt ans auparavant à un homme dont elle avait cru inconsciemment qu'il pourrait lui apporter l'affection qu'elle était incapable d'avoir pour elle-même. Elle s'était donc psychologiquement transformée en carpette devant lui et il ne s'était pas privé d'essuyer sur elle ses godasses psychologiques pendant vingt ans. Quand je la rencontrai, il en était au point d'amener ses maîtresses à la maison et de coucher avec elles dans le lit conjugal pendant que Béatrice se trouvait refoulée au canapé du salon. Les voisins et amis la trouvaient une femme-

20

martyre, mais elle était bien une femme-tapis. Convaincue de ne pouvoir survivre sans l'affection que son légitime lui dispensait chichement à un prix exorbitant, elle consentait à toutes ces avanies, en pleurant certes, mais sans trouver le moyen de se passer de ces bribes d'affection.

L'être qui s'estime peu lui-même et qui croit ne pas pouvoir se passer de l'affection d'un(e) autre, faute de pouvoir se la procurer à lui-même, me semble aussi vulnérable et exploitable qu'un automobiliste qui, en plein désert, demanderait à la seule station service d'une oasis de faire le plein d'essence. N'est-il pas très probable qu'en de telles circonstances le prix du litre d'essence aurait tendance à monter vertigineusement? N'est-il pas vraisemblable que, si notre automobiliste déclare au pompiste qu'il a absolument *besoin* d'essence, qu'il est prêt à payer n'importe quel prix pour en obtenir, qu'il lui *faut* de l'essence, le pompiste fera grimper les prix à une cadence inouïe? En amour comme en affaires, le jeu de l'offre et de la demande joue à plein.

Voilà donc quelques raisons qui militent en faveur de l'importance primordiale pour un être humain d'avoir de l'estime pour lui-même, de s'apprécier et de s'aimer lui-même.

Cependant comme nous venons de le voir, il n'est pas vraiment possible à un être humain de s'aimer lui-même ou d'aimer les autres globalement, faute de pouvoir se connaître et connaître les autres globalement. Faut-il donc en conclure que nous sommes condamnés à la dépression parce que nous ne pouvons pas remplir la condition essentielle qui nous permettrait de l'éviter? Faut-il en conclure que nous sommes condamnés à la solitude et à la haine, faute de pouvoir arriver jamais à aimer une autre personne?

La porte de sortie à ce dilemme se trouve dans une distinction rarement faite, mais qui est pourtant d'une importance capitale. A la suite d'Albert Ellis (1977, pp. 99-112), établissons une différence bien nette entre l'*estime* de soi et l'*acceptation* de soi. Alors que l'estime de soi ne peut survenir qu'à la suite d'une évaluation globale de soi dont la conclusion est positive, l'acceptation de soi évite cette démarche évaluative et consiste tout simplement pour la personne à se prendre "telle qu'elle est," sans essayer de faire un bilan de ses caractéristiques positives ou négatives.

Par l'acceptation de soi, un être humain en vient à s'accepter lui-même sans égard à ses bons et à ses mauvais côtés, à ses réussites et à ses échecs, sans égard au fait qu'il reçoit ou non l'estime des autres.

On me dira que cette démarche est très difficile, voire impossible pour une grande majorité des humains. Je concèderai qu'elle est difficile, compte tenu de la tendance qui semble congénitale chez nous à nous évaluer globalement en fonction de nos actes et de nos caractéristiques, à conclure que nous *sommes* bons quand nous agissons bien et que nous *sommes* mauvais quand nous agissons mal. Cette tendance, apparemment présente dès la naissance chez nous tous est d'ailleurs renforcée puissamment par le conditionnement social auquel nous sommes tous soumis dès notre arrivée en ce monde. Le bébé qui tète sa mère d'une manière qui plaît à la mère sera qualifié par elle de "bon bébé", et ce n'est là que le début d'une quasi infinie kyrielle de compliments et de blâmes que le bébé, l'enfant, l'adolescent, l'adulte, le vieillard et finalement le mourant ne cesseront d'entendre résonner à leurs oreilles ou qu'ils se répèteront à eux-mêmes quand, d'aventure, les autres s'abstiendront momentanément de le faire.

On peut bien vanter les mérites de l'évaluation positive de soi et dénoncer les méfaits de l'évaluation négative, mais conseiller à un être humain de s'évaluer positivement plutôt que négativement, c'est lui donner un conseil perfide. Ce n'est pas tant l'évaluation négative de soi qui est pernicieuse et porteuse de dépression, c'est *l'évaluation de soi tout court*. En voulant amener un être à s'évaluer positivement, ce qui pourrait lui remonter temporairement le moral, on se trouve à continuer à favoriser chez lui le maintien de sa tendance déjà trop ancrée à s'évaluer globalement et les probabilités sont fortes que s'il continue à le faire, il en viendra, au moins à l'occasion, à s'évaluer négativement, avec les conséquences que nous avons déjà examinées. Il n'est pas possible de ne s'évaluer que positivement sans tomber aussi dans l'évaluation négative et c'est l'évaluation elle-même, tant positive que négative, qu'il s'agit de faire disparaître le plus possible. Je dessine souvent pour mes consultants le schéma suivant:

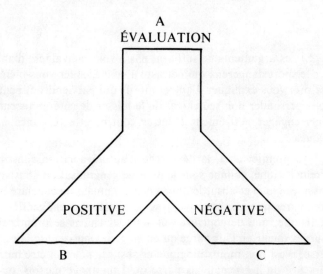

A
ÉVALUATION

POSITIVE   NÉGATIVE

B   C

Comme on le voit, c'est la même porte, en A, qui mène à la fois à l'évaluation positive et à l'évaluation négative, et c'est elle qu'il faut condamner si on ne veut pas courir le risque de tomber dans le puits de l'évaluation négative, en C. Il serait bien commode que l'évaluation positive soit une démarche bien distincte de l'évaluation négative, et qu'on puisse se livrer à la première sans risquer de tomber dans la seconde, selon le schéma suivant:

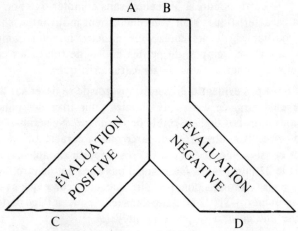

A   B

ÉVALUATION POSITIVE   ÉVALUATION NÉGATIVE

C   D

mais il n'en est pas ainsi dans la réalité.

23

Si ces arguments ne suffisent pas à vous convaincre d'abandonner le sport dangereux qui consiste à vous évaluer vous-même, laissez-moi vous expliquer d'autres motifs qui parviendront peut-être à vous persuader non seulement de le laisser de côté, mais encore de vous engager activement à lutter contre cette tendance innée et acquise.

Au premier chef, la démarche d'auto-évaluation constitue une erreur logique, connue sous le nom de généralisation abusive. Il est aussi illogique et absurde pour un être humain de conclure qu'il *est* bon, parce que, par exemple, il se comporte souvent gentiment avec sa femme, que de conclure que tous les chiens se promènent toujours la queue en l'air parce qu'on en a vu vingt-sept le faire. A l'inverse, il est non moins illogique et absurde pour un être humain de conclure qu'il *est* mauvais parce qu'il lui arrive parfois, ou même souvent, de dire des paroles désagréables à sa femme, autant qu'il serait abusif de conclure que toutes les huîtres contiennent des perles parce qu'on en a trouvé quelques-unes dans ces mollusques. Un être humain comporte un tel nombre de traits, caractéristiques, actions, pensées, tendances, les unes positives et avantageuses, d'autres, négatives et sources de handicaps, d'autres encore, neutres, qu'il est impossible de porter sur lui un jugement évaluatif qui ait quelque chance de correspondre à la réalité, sans compter que bon nombre de ces caractéristiques sont continuellement mouvantes, changeantes, modifiables. Représentez-vous un être humain comme une sphère immense, remplie de petites boules de toutes les couleurs, symbolisant chacune l'une de ses caractéristiques.

N'est-il pas évident qu'il serait absurde de se baser sur l'*une* (ou même plusieurs) de ces petites boules pour tirer des conclusions générales à propos de l'ensemble de la sphère? Ne serait-il pas ridicule de dire: "Cet être *est* bon, parce que sa caractéristique numéro 187228 consiste dans le fait qu'il s'est comporté aimablement avec sa femme le 23 juin 1942?" Ne serait-il pas aussi sot de dire: "Cet être *est* mauvais (ou moins bon que, pire que, etc.) parce que sa caractéristique numéro 481622 consiste dans le fait que, à l'âge de 10 ans, il a donné une gifle à sa petite soeur?"

On peut donc conclure que toute évaluation globale d'une personne, par elle-même ou par d'autres, constitue une conclusion arbitraire basée sur des prémisses insuffisantes.

Remarquons de plus que ces évaluations globales constituent souvent des sortes de prophéties dont l'accomplissement est amené par la conviction même de celui qui les profère.

Ainsi, si Jean-Paul se définit comme stupide à partir de la considération de la stupidité de certaines de ses actions, il est malheureusement possible que cette définition l'amène inconsciemment à poser beaucoup d'autres gestes stupides. Le phénomène est encore plus frappant quand une personne se définit comme *incapable* de faire telle ou telle chose, à la suite d'un ou plusieurs échecs. Cette définition l'amène naturellement à interrompre ses efforts, à se laisser aller, à ne plus tenter de réussir ce qu'elle essayait d'accomplir. Ainsi, par la force de son idée, elle ne réussit pas. Si, quand vous étiez enfant, vous aviez conclu que vous ne pouviez pas apprendre à rouler en bicyclette à la suite d'une ou deux chutes, vous auriez cessé de vous exercer et, aujourd'hui, vous ne rouleriez pas à vélo, et cela ne serait probablement pas parce que vous ne *pourriez* pas le faire, mais bien parce que vous auriez porté sur vous-même une évaluation consistant à vous définir comme incapable d'apprendre à rouler à vélo.

En ai-je assez dit pour vous convaincre d'abandonner la démarche idiote qui consiste à vous évaluer et à la remplacer par l'acceptation de vous-même sans condition préalable? A mesure que vous y parviendrez, à mesure que vous cesserez de vous dire de vous-même autre chose que vous êtes un être humain, doté de telle ou telle caractéristique, ayant posé tel ou tel geste, subi tel échec ou réussi telle démarche, vous cesserez également de ressentir l'anxiété qui découle de toute auto-évaluation. Cessez donc d'essayer de vous former une bonne opinion de vous-même et essayez donc plutôt de ne vous former *aucune* opinion de vous-même, tout en continuant intelligemment à évaluer beaucoup de vos gestes, attitudes, actions et caractéristiques. *Vous n'êtes pas ce que vous faites, et vous ne le serez jamais.* Cessez donc d'essayer de vous aimer globalement, c'est-à-dire de trouver du plaisir à l'occasion de chacune de vos actions ou caractéristiques. Vous savez bien que vous n'êtes pas parfait; il vaut mieux pour nous, à tout point de vue, tenter d'apprendre à nous accepter tels que nous sommes.

Quand j'expose ce que je viens de dire, certains de mes interlocuteurs s'inquiètent et semblent penser que cette attitude d'acceptation ouvre la porte à l'apathie, au laisser-aller, à la veulerie. Ils semblent croire que la seule motivation qu'un être humain puisse avoir pour améliorer ses qualités et se corriger de ses défauts réside dans le plaisir qu'il prendra à avoir de lui-même une image positive. Il n'en est pourtant rien et je maintiens qu'il est tout à fait possible à quiconque de travailler avec ardeur à modifier certaines de ses actions ou de ses caractéristiques, non pas parce qu'il pense qu'il sera ainsi un meilleur être humain, ce qui n'a aucun sens, mais bien parce qu'ainsi il se créera à lui-même une vie *plus agréable.* Ainsi, si je cesse de battre ma femme et de tuer le temps dans les bars, je ne serai pas un meilleur être humain, mais il est probable que ma vie sera plus intéressante, que j'y trouverai plus d'agréments et moins d'inconvénients. Par ailleurs, si je dilapide mon existence dans la fainéantise, si je bois comme une éponge et que j'emmerde les autres, je ne serai pas un moins bon être humain, mais il est probable que ma vie sera moins agréable pour moi qu'elle ne pourrait l'être autrement. Il y a donc de considérables avantages à baser sa vie sur la recherche du plaisir le plus complet, plutôt que sur la poursuite de la meilleure image possible de soi.

Abordons maintenant un quatrième mythe à propos de l'amour. Qui d'entre nous n'a pas déjà entendu quelqu'un se demander s'il aimait *vraiment* telle personne ou si telle personne l'aimait vraiment? Le mythe qui consiste à croire qu'il est difficile de savoir si on est "en amour" rejoint, comme on le voit, le mythe à propos du "vrai" amour dont j'ai parlé un peu plus haut.

En fait, aussitôt qu'une personne se sent attirée par une autre et qu'elle trouve quelque plaisir à son contact ou à son idée, on peut dire qu'il y a amour. Il est sans doute possible de concevoir qu'une personne en aime une autre inconsciemment, mais ce n'est pas le cas le plus fréquent.

La question la plus délicate ne porte donc pas sur la *présence* de l'amour, mais plutôt sur le *type* de l'amour. Encore que la réponse à cette question n'ait pas beaucoup d'importance pratique dans de nombreuses circonstances, elle peut en avoir quand la personne qui aime projette d'accomplir certains gestes en fonction de son amour, comme par exemple de se marier. En effet, comme nous allons le voir, tous les types d'amour ne se prêtent pas également à la réalisation de diverses activités. Explorons donc plus en détail divers types d'amour courants entre êtres humains, en décrivant les caractéristiques de chacun d'entre eux et en formulant des hypothèses quant à leur convenance pour diverses formes de vie. Cette typologie, forcément brève, n'a d'autre prétention que celle de permettre au lecteur une meilleure compréhension de ses sentiments.

L'amour érotique

L'amour érotique se reconnaît à l'importance qu'il attache à la beauté physique du partenaire recherché. L'amoureux érotique ressent ce qu'on a appelé le "coup de foudre" à la vision de l'objet de son amour. Il s'agit d'un sentiment intense d'attraction immédiate. Ces amoureux sont habituellement capables de décrire avec précision les traits physiques qu'ils recherchent chez l'autre. Quand ils rencontrent une personne qui semble correspondre à leur idéal de beauté, les amoureux érotiques déclarent ressentir physiquement un intense émoi.

Les amoureux érotiques ne perdent pas de temps à explorer la perfection corporelle de leur partenaire. Le contact intime sexuel est pour eux une manière de vérifier si leur amant correspond à leur idéal de beauté. La découverte d'un trait physique déplaisant à leurs yeux viendra alors faire baisser l'intensité de leur amour. Il ne servira à rien de faire remarquer à un amoureux érotique que des caractéristiques émotives ou intellectuelles du partenaire sont plus stables ou plus importantes. Il demeure insensible à cette argumentation.

Dans le contact physique, ces amoureux sont habituellement inventifs. Leurs techniques sexuelles sont nombreuses et variées, puisqu'il importe par-dessus tout pour eux de continuer à tirer profit des caractéristiques physiques de leurs partenaires.

L'amour érotique pousse l'amoureux à rechercher une intimité exclusive et approfondie avec son ou sa partenaire. Il ne sera pas candidat pour le mariage "open", ni pour les partouses. Ce désir d'intimité et ce goût de se révéler soi-même en profondeur à l'autre ne peuvent se réaliser si l'amoureux érotique n'a pas vraiment très confiance en lui-même. Cette confiance surgira d'expériences variées dans la vie de l'amoureux: il sera habituellement satisfait de sa vie comme enfant, de son travail, de ses amis. L'amoureux érotique ne ressent pas un *besoin* urgent d'être aimé et il ne perd pas son équilibre quand l'objet de son amour n'est pas immédiatement disponible. Bien que l'amour joue un rôle important et même central dans leur vie, il n'est pas pour les amoureux érotiques la *seule* valeur. Ces amoureux ne sont pas terriblement exigeants. Quant l'amour érotique réussit et se prolonge, c'est qu'il intervient entre deux êtres qui possèdent suffisamment d'assurance et de solidité personnelle. Une personnalité faible, hésitante, dévorée par le doute ne réussira pas à vivre harmonieusement un véritable amour érotique et glissera bientôt dans l'amour maniaque dont il sera question plus loin.

Par ailleurs, les risques de désappointement sont grands en amour érotique. L'intensité même de la relation risque d'en limiter la durée, comme ces feux trop vifs qui épuisent rapidement leur combustible. Un tel amour, pour durer, demande un bon degré de réciprocité et beaucoup d'ingéniosité. Ce n'est vraiment pas le type d'amour qui peut survivre longtemps si les deux partenaires n'y apportent pas beaucoup de soin. La flamme érotique vacille et peut s'éteindre sous le souffle de la routine et de l'habitude. A moins d'être doté des qualités essentielles de confiance en soi et de sécurité personnelle, et à moins d'être bien décidé à faire les efforts indispensables pour à la fois le tempérer et l'alimenter, il vaudra mieux pour un amant s'engager dans des formes moins exigeantes de l'amour interpersonnel.

Fragile est la beauté qui a déclenché l'amour érotique, et, sauf en des circonstances exceptionnelles, l'amour érotique ne pourra survivre à moins que ne s'y mêlent certaines des caractéristiques de l'amour d'amitié ou de l'amour ludique.

L'amour ludique

Voici l'amour considéré et vécu comme un véritable jeu, une forme de sport où il est aussi ou même plus important de respecter les règles du jeu que de remporter le trophée. C'est sans doute la forme d'amour que les moralistes et les philosophes ont condamnée avec le plus d'ardeur, comme le montre, par exemple, le sort réservé au personnage de Don Juan dans l'opéra de Mozart. Après avoir passé une vie à jouer galamment à aimer une suite interminable de femmes (1003 en Espagne seulement!), le débauché Don Juan est englouti tout vif dans un enfer ardent. Il est vrai qu'il avait aussi assassiné le père d'une de ses conquêtes!

L'amoureux ludique se garde de s'engager trop profondément dans les relations nombreuses qu'il noue avec une variété de partenaires. Pour lui l'amour est un agréable passe-temps, mais il refuse de devenir trop dépendant ou de laisser ses partenaires devenir trop intimes. Il révélera peu de choses de lui-même, ou même masquera soigneusement certains aspects de lui-même, tout comme au bridge ou au poker.

L'amoureux ludique joue donc le plus souvent avec plusieurs partenaires à la fois, et interrompt le jeu le plus élégamment possible quand la partie risque de devenir ennuyeuse, trop sérieuse ou trop compromettante. Les règles du jeu impliquent que chacun des partenaires soit bien conscient qu'il s'agit d'un jeu où chacun n'a rien d'autre à attendre que le plaisir qu'il retire du jeu lui-même. Comme dans tous les jeux, il y a des tricheurs; ils exploitent la naïveté, la fragilité ou le manque d'expérience de leur partenaire. Ce sont peut-être ces tricheurs qui ont contribué à donner à l'amour ludique sa mauvaise réputation. Il n'en est pas forcément ainsi et il est possible de concevoir un amour non exploiteur, basé primordialement sur la recherche du plaisir immédiat, se déroulant entre deux partenaires dûment avertis et conscients du fait que la relation se déroule sous le signe de la superficialité et du temporaire. En pratique, cependant, les idéaux romantiques et érotiques ont à ce point contaminé les notions de l'amour de la plupart des gens qu'il sera difficile à l'amoureux ludique de trouver des partenaires appropriés pour son jeu.

Comme l'amour érotique, l'amour ludique suppose chez celui qui le pratique une bonne dose d'assurance personnelle. Cela lui permet de rester maître de ses sentiments et de ne pas se laisser emporter dans une passion qui viendrait gâter le plaisir du jeu. Les amoureux ludiques ne sont ni jaloux ni possessifs. Leur amour est de fait superficiel et ils ne désirent ordinairement pas qu'il en soit autrement.

Ce refus de s'engager dans des rapports approfondis et durables, comme chez l'amoureux érotique ou amical, est-il l'indice, chez l'amoureux ludique, d'une peur d'être découvert tel qu'il est? Cela est bien possible, surtout si une telle personne ne pratique que ce seul type d'amour pendant toute sa vie. Cependant, il est possible que des êtres fondamentalement sûrs d'eux-mêmes et capables de nouer des relations stables et basées sur la connaissance réciproque se divertissent occasionnellement par quelques "parties" d'amour ludique, par exemple en attendant qu'une partenaire susceptible de correspondre à leurs désirs érotiques se présente. L'amoureux ludique fera bien, comme on peut s'en rendre compte, d'éviter les partenaires pour lesquels l'amour est surtout érotique ou amical. Il fuira aussi les amoureux maniaques pour lesquels considérer l'amour comme un jeu est tout à fait impensable.

L'amour d'amitié

Il s'agit ici de l'amour stable et sans heurts, se développant lentement à la faveur d'un contact prolongé. Son début est difficile à déterminer; on ne peut pas le fixer clairement comme dans le cas de l'amour érotique et de l'amour ludique. Les sentiments y sont profonds plutôt que très intenses. Ce n'est pas la grande passion de l'amour érotique, ce n'est pas non plus le détachement superficiel de l'amour ludique. C'est l'amour qui vient "tout naturellement", naissant souvent graduellement à l'occasion d'activités agréables pratiquées en commun par les partenaires. Les fréquentations seront habituellement longues avant de prendre une coloration directement sexuelle, puisque les deux partenaires d'un véritable amour amical considèrent l'échange sexuel comme un moment privilégié de la communication interpersonnelle.

Dans ce type d'amour, les partenaires sont avant tout des amis dont la relation s'approfondit au point qu'ils en viennent à considérer comme tout naturel de vivre ensemble, de se marier et de fonder une famille. C'est sans doute le type d'amour qui, s'il ne procure ni grandes extases ni plaisir ludique très vif, n'apporte pas non plus ni grand désespoir ni peine profonde. C'est également le type d'amour qui, à cause de sa quiétude et de sa régularité, permet de nouer les relations les plus stables et les plus prolongées. Comme un feu brûlant lentement et régulièrement, il ne dégage ni les flammes ardentes de l'amour érotique, ni les étincelles brillantes mais froides de l'amour ludique, mais plutôt la chaleur douce et stable des braises couvant sous la cendre.

Les amoureux animés d'un amour d'amitié sont en général réservés dans l'expression de leurs émotions amoureuses. Quand les circonstances les séparent, ils supportent cette séparation beaucoup mieux que les amoureux érotiques, sans songer, comme le font les ludiques, à nouer sans tarder de nouvelles relations amoureuses. Ils sont fidèles sans contrainte, sans éclat, comme si cela allait de soi. Ces amoureux exigent peu l'un de l'autre, sans doute parce qu'ils ne redoutent pas de se manquer l'un à l'autre. Si l'un d'entre eux est temporairement infidèle et se permet quelque aventure de type ludique ou érotique, l'autre sera souvent prêt à passer l'éponge, estimant que les liens profonds de l'amitié qui les unissent ne peuvent être brisés par des épisodes passagers et superficiels.

Aux yeux de celui qui préfère l'amour érotique, l'amour amical apparaîtra souvent comme dénué d'intérêt, ennuyeux, banal. Quant aux amoureux ludiques, l'amour amical, avec les liens qu'il suppose et la continuité dans laquelle il s'inscrit, leur semblera trop risqué en même temps que trop monotone. Il ne sera pas rare d'observer, à l'intérieur d'un couple dont l'un des partenaires aime l'autre amicalement alors que cet autre recherche un amour primordialement érotique, des tensions qui peuvent aboutir à la dissolution de l'union par le partenaire érotique. Telle épouse déclarera, après dix ans ou quinze ans de vie commune, qu'elle trouve son mariage terne et ennuyeux et qu'elle préfère abandonner la sécurité d'une relation bien établie, mais trop tranquille à son goût, pour courir les risques, mais en même temps rechercher les plaisirs d'une relation plus directement érotique.

L'amour maniaque

Voilà l'amour qu'un grand nombre de "romans d'amour" ont présenté comme le seul et authentique représentant de l'amour.

L'amoureux maniaque est consumé par son amour. Agitation, insomnie, fièvre, perte de l'appétit, douleur, autant de symptômes de la passion qui le dévore. Il est, la plupart du temps, intensément jaloux. Convaincu de ne rien valoir, il se retrouve prisonnier du dilemme suivant: "J'ai besoin d'amour parce que, sans lui, je ne peux pas me supporter moi-même et même survivre, mais je suis si dénué de valeur que je ne pourrai jamais être vraiment aimé par quiconque". L'amour maniaque parle le langage de la névrose.

L'amoureux maniaque est bien celui qui "tombe" ou, plus exactement, se jette en amour. Son choix de partenaire est souvent absurde et complètement inapproprié. Voulant fuir l'état qu'il croit intolérable et dans lequel il se méprise et se déteste lui-même, il s'élance souvent dans une situation pire que la précédente. Il saute vraiment souvent de la poêle à frire dans le feu!

Depuis l'antiquité, cet amour a été considéré comme une espèce de folie, et si plus personne aujourd'hui ne croit que ce sont les dieux qui affligent un être humain de cette passion paradoxale, il n'en reste pas moins que l'amoureux maniaque semble en proie à une déraison et à un irréalisme qui, au moins dans ce secteur de sa vie, l'assimilent aux psychosés profonds. L'expression "amour fou" témoigne bien d'ailleurs de cette conception.

Le problème de l'amoureux maniaque réside dans l'évaluation qu'il fait de lui-même. Partant d'une conception de lui-même où il se perçoit comme fondamentalement démuni et pauvre, il s'engage en amour comme un affamé s'approche d'une table bien garnie. Mais, même quand son appétit est temporairement satisfait, l'amoureux maniaque ne connaît quand même pas de repos, obsédé qu'il est par la crainte de perdre l'amour sans lequel la vie lui apparait horrible.

D'où sa tendance à la possession, ses crises de jalousie, ses désespoirs en même temps que ses repentirs désespérés, ses protestations de fidélité éternelle. On voit tout de suite qu'un tel amour écartera de l'amoureux maniaque toute autre personne, sauf peut-être un autre maniaque amoureux. L'amoureux érotique sera attiré par l'intensité de l'amour maniaque, mais se rebiffera devant la faiblesse profonde de la personnalité du maniaque. L'amoureux ludique ne pourra tolérer longtemps les exigences d'exclusivité et les crises de jalousie du maniaque. Enfin, l'amoureux amical trouvera vite qu'il y a là trop d'agitation et de tumulte et laissera l'amoureux maniaque à son désespoir.

Convaincu qu'il ne peut se passer de l'amour de sa bien-aimée, l'amoureux maniaque consentira sans hésiter à s'engager pour elle dans toutes sortes de formes d'actions ridicules, dangereuses ou absurdes. Il est éminemment exploitable, se rendant compte d'ailleurs de ce qui se passe, mais déclarant du même souffle qu'il ne peut pas faire autrement. On ne peut s'empêcher de regretter qu'une forme d'amour qui, tout en demeurant parfaitement légitime et autorisée, est porteuse de si considérables inconvénients, ait été présentée comme "le grand amour", le "vrai amour" par toute une littérature, et spécialement par les "chansons d'amour" que ne cessent de nous seriner la radio et la télé. Dans son livre *Colours of Love* (1973), dont les réflexions présentes sont largement inspirées, le sociologue John Allan Lee cite l'anecdote suivante: un certain anthropologue qui vécut pendant plusieurs années au milieu de la tribu des Bemba en Rhodésie au cours des années 30, leur racontait un jour un conte populaire anglais. Il était question dans ce conte d'un jeune prince qui escaladait des montagnes de verre poli, franchissait des précipices et combattait des dragons pour obtenir la main de la jeune fille qu'il adorait. Les Bemba qui l'écoutaient en étaient clairement ébahis mais ne disaient mot. Enfin un vieux chef prit la parole, exprimant la pensée de tous en une simple question: "Pourquoi ne pas choisir une autre fille?", demanda-t-il.

Voilà une question que n'aurait jamais songé à poser un amoureux maniaque!

L'amour pragmatique

L'amoureux pragmatique est primordialement intéressé à trouver le ou la partenaire avec lequel il trouvera le maximum d'avantages et le minimum d'inconvénients. Voilà l'amoureux qui tentera de trouver l'être aimé qui s'accordera le mieux avec sa personnalité, ses intérêts et goûts, sa classe sociale, ses convictions religieuses, et le reste. Ayant cette liste bien en tête, l'amoureux pragmatique s'engage dans des activités diverses dans le but d'y rencontrer l'être dont les caractéristiques répondront le mieux à ses critères, même si ces activités n'ont pour lui que peu ou pas d'intérêt, ce qui ressort du fait qu'il abandonnera ces activités s'il perd l'espoir d'y rencontrer l'être qu'il recherche. L'amoureux pragmatique ne s'entêtera pas dans une relation qui ne le satisfait pas; il la rompra plutôt pour continuer sa recherche. Naturellement, si les critères de choix du pragmatique sont très élevés et détaillés, sa recherche risque d'être interminable.

Ce type d'amour peut sembler excessivement rationnel et dénué d'émotion, laissant peu de place à la fantaisie et finalement assez terne. Cependant, il n'est pas exceptionnel qu'une fois qu'un choix rationnel a été posé et que la relation a commencé à grandir, des sentiments plus intenses de type érotique ou ludique se développent, mais ils ne viennent qu'après une démarche fondamentalement inspirée par la raison. Si l'amour érotique peut être comparé à un feu brûlant à grandes flammes, si l'amour ludique est un feu de branchages qui brûle vite sans donner beaucoup de chaleur, si l'amour d'amitié est analogue aux braises se consumant lentement sous la cendre, si l'amour maniaque ressemble à un incendie de forêt qui brûle celui même qui l'a allumé, l'amour pragmatique pourrait bien être comparé à un feu qui s'allume lentement, n'est d'abord qu'une petite flamme pour en venir plus tard à grandir et à dégager chaleur et lumière.

L'amour altruiste

Cet amour semble avoir été davantage décrit par les philosophes et les penseurs religieux, que rencontré en fait dans la réalité des amours humaines. En principe, il s'agit de l'amour non possessif, complètement oblatif, orienté totalement vers le bien de l'autre, sans retour d'aucune sorte sur l'amoureux. C'est sans doute là la manière dont un Dieu peut aimer des créatures dont il n'a nul besoin et qui ne peuvent lui apporter aucune satisfaction. Les penseurs chrétiens l'ont décrit comme l'amour du Christ pour ceux qu'il est venu sauver et comme l'amour que l'Esprit de Dieu peut insuffler au coeur des fidèles et qui formera la base de leur communauté.

34

Si on accepte la théorie de la motivation fondamentale de l'être humain par le plaisir sous une forme ou une autre, il découle que l'amour purement altruiste est une contradiction et qu'aucun être humain ne saurait y atteindre, ne fut-ce que de façon partielle et épisodique. Qu'on représente cet amour comme le seul vraiment valable ne contribuera qu'à culpabiliser des générations entières ou à favoriser la névrose de tous ceux qui, pour diverses raisons, ont peur de se laisser aller à aimer d'une façon humaine.

Il existe sans doute, en plus de ces six types d'amour, bien d'autres sous-types et variantes qu'on n'en finirait plus d'analyser. En fait, il est facile de constater que l'amour tel qu'il est concrètement vécu par Pierre ou Marguerite n'est que rarement un type pur, mais qu'il participe habituellement de plusieurs types à la fois. Il est également utile de se souvenir que l'amour est une émotion ressentie par un être vivant, donc changeant, mobile, sans cesse en mouvement. Il est donc logique de penser qu'un même être humain pourra, dans sa vie, vivre toute une gamme d'amours différentes, successivement ou même simultanément à propos de diverses personnes.

Car c'est un autre mythe de prétendre qu'un même être humain ne peut aimer qu'une seule personne à la fois. Si l'on se réfère aux considérations qui précèdent, il est clair que tous les types d'amour ne se prêteront pas également bien à la pluralité amoureuse. On concevra difficilement, par exemple, qu'un amoureux maniaque, à cause de sa tendance à la possession exclusive et de son insécurité, puisse aimer plus d'une personne à la fois. Mais il n'en est pas de même pour plusieurs des autres types. Ainsi, on concevra sans difficulté qu'un même homme puisse aimer sa femme d'un amour amical et aimer d'un amour érotique ou ludique une ou plusieurs autres femmes. Et ces amours seront aussi "vraies", bien que de type différent, que celui qu'il a pour son épouse.

Il va sans dire que cette démarche, compte tenu des préjugés de notre culture, sera susceptible de causer quelques problèmes. Si la femme de cet homme est une personne faible, remplie d'anxiété et d'insécurité et qu'elle aime son mari de façon maniaque, elle éprouvera d'intenses sentiments de jalousie à la seule idée qu'il puisse en aimer d'autres qu'elle et il s'en suivra probablement des scènes pénibles. C'est sans doute l'une des raisons qui fait hésiter bien des gens à s'engager dans le mariage, point que je compte traiter dans les chapitres qui viendront. Mais auparavant, je veux dire quelques mots des maladies de l'amour.

Chapitre 2

Les maladies de l'amour

Comme je l'ai déjà exploré avec vous, l'amour se présente sous diverses formes qui ne sont pas toutes également porteuses de bonheur. Certaines même, comme l'amour maniaque, apportent en pratique presque seulement des inconvénients à ceux qui en sont affectés.

Les troubles amoureux, comme dans presque tous les domaines de l'activité humaine, ont souvent pour origine une forme ou l'autre d'*exigence*. La personne qui aime de façon malsaine et maladive a habituellement tendance à *exiger* de ses partenaires une série plus ou moins longue de conditions qu'elle définit comme *essentielles* à son bonheur.

Plus la liste est longue, plus les possibilités qu'elle ne soit pas remplie sont grandes et plus grandes aussi sont les possibilités que la personne qui l'a dressée et la maintient vive des amours malheureuses. Voyons un peu une liste typique susceptible d'amener quelqu'un à être malheureux en amour. Une telle personne *exigera* souvent:

1. De rencontrer ou d'être découverte par un partenaire exceptionnellement attirant quant à ses goûts à elle. Si l'exigence se porte surtout, comme c'est souvent le cas pour beaucoup de femmes, sur le fait que l'éventuel partenaire masculin *doit* la découvrir sans qu'elle n'ait à faire d'effort spécial pour rechercher elle-même ce partenaire, on voit tout de suite que la situation se trouve grandement compliquée. Malgré cela, nombre de mères enseignent encore à leurs filles qu'il est malséant pour elles de faire les premiers pas et que leur rôle consiste à attendre qu'on les découvre. Le garçon, au contraire, est souvent élevé d'une manière plus active et on lui enseigne plus directement à aller chercher lui-même ce qu'il désire trouver. Cette différence de traitement ne repose sur aucune donnée biologiquement vérifiable et ne semble refléter qu'un préjugé absurde.

2. Comme deuxième élément de sa liste, la personne *exige* souvent d'elle-même qu'elle se comporte de façon extraordinairement adéquate et attirante avec cette autre personne. Il lui faut à tout prix, croit-elle, éviter tout ce qui peut déplaire à l'autre et pratiquer tout ce qui peut lui plaire. Le moindre écart de ce programme perfectionniste entraînera la dépression, plus ou moins accentuée.

3. La personne *exigera* ensuite habituellement que son éventuel partenaire l'aime profondément, complètement, qu'il l'accepte sous tous ses aspects, qu'il l'adore exclusivement, sans réserve et sans défaillance pour le reste de sa vie. Sinon, l'amour n'en vaut pas la peine!

4. La personne *exigera* enfin d'elle-même la même profondeur, la même intégralité et la même exclusivité perpétuelle dans son amour pour son partenaire.

A ces quatre exigences fondamentales la personne peut en ajouter encore d'autres: que le partenaire soit d'un âge quelconque, qu'il ne soit ni marié, ni séparé, ni divorcé, qu'il soit de la même nationalité qu'elle, qu'il s'intéresse aux mêmes choses qu'elle, qu'il soit un partenaire sexuel remarquable, et combien d'autres encore. La liste est potentiellement interminable.

Que chacun ait ses *goûts* et ses *préférences* quant à un partenaire amoureux, rien de plus normal, rien de plus habituel. Les problèmes commencent quand ces goûts se transforment en *besoins* et ces préférences en *exigences*. En effet, quand les goûts et les préférences d'une personne ne sont pas satisfaits, elle se retrouve dans un *état* de frustration. Il importe de bien comprendre que la frustration en elle-même ne comporte pas d'émotion particulière et qu'elle n'est pas une émotion elle-même. Comme je l'ai déjà expliqué dans *S'aider soi-même* (1974) et *Vaincre ses peurs* (1977), l'émotion naît toujours de l'opinion, de la pensée à l'occasion d'un événement quelconque. La frustration est amenée par la non-réalisation d'un désir. C'est un état psychologique analogue à l'ignorance, qui, elle non plus, n'est pas une émotion, mais qui est susceptible, à titre d'événement, de servir d'occasion à une interprétation, à une opinion, à une pensée qui, elle, amènera un résultat émotif. En bref, si une personne *désire* manger un steak et qu'elle ne peut pas s'en procurer, elle *sera* frustrée (la phrase: "elle se sentira frustrée" n'a aucun sens).

L'interprétation qu'elle portera sur cette frustration peut être variable. Si elle se dit: "C'est affreux, j'ai absolument besoin d'un steak," elle se sentira désespérée. Si elle se dit: "C'est injuste, on devrait me donner un steak," elle se sentira hostile et révoltée. Si elle se dit: "Je ne suis qu'un enfant... Je ne devrais pas être frustrée parce que je n'obtiens pas mon steak," elle se sentira coupable. Si elle se dit: "Après tout, ce n'est pas la fin du monde, je peux fort bien me passer de ce steak," elle se sentira un peu triste, peut-être, et stimulée à chercher un produit de remplacement. Si elle se dit: "Comme cela est triste... Que vaut la vie sans steak", elle se sentira déprimée. Et, à la limite, si elle se dit: "Bonne affaire, ainsi j'habitue mon esprit à faire face aux difficultés inévitables de la vie", elle se sentira joyeuse!

Le déroulement de cette séquence peut se schématiser de la façon suivante:

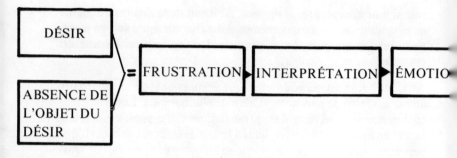

Les désirs ou les préférences de quelqu'un ne se discutent pas: ce sont des données de fait et on ne peut pas dire qu'un désir soit vrai ou faux, sauf dans ces cas où la personne croit désirer une chose alors qu'en fait elle ne la désire pas. On parlera alors de non-désir ou de désir illusoire plutôt que de faux désir.

Il n'en est pas du tout de même quand on a affaire à un besoin, à une exigence. On se trouve alors en présence, la plupart du temps, non pas d'une donnée de fait, mais bien plutôt d'une opinion démontrable ou non. Il existe une confusion regrettable à propos du terme "besoin" que je m'efforce d'élucider avec mes consultants. On peut bien, si on le désire, employer ce mot pour désigner une *tendance* plus ou moins spontanée à rechercher telle ou telle chose. En ce sens, on parlera du besoin d'aimer, du besoin d'être aimé, du besoin de comprendre, du besoin de voyager, du besoin de s'exprimer, pour désigner la tendance présente chez une majorité d'êtres humains à rechercher ces activités. Il s'agit en fait d'un goût, d'un désir, d'une inclination innée ou apprise. L'emploi du terme besoin dans tous ces cas est tout à fait légitime et sanctionné par l'usage. Cependant, on constatera que, même si l'usage reconnaît la légitimité de l'emploi de ce vocable pour désigner la qualité d'une chose interprétée comme *nécessaire* ou *utile,* on n'a pas affaire à la même réalité psychologique dans un cas comme dans l'autre. Il est correct, quant à la langue, de dire: "J'ai besoin de manger" et de dire: "J'ai besoin d'un verre de bière", mais on voit tout de suite que la première phrase exprime une réalité de fait pour la conservation de la vie, alors que la seconde ne peut exprimer qu'une préférence, un désir ou un goût pour un élément dont la présence n'est pas, en réalité, indispensable (ni même, sans doute, très utile!) au maintien de l'existence.

Il y a donc un grand avantage à distinguer clairement ces diverses acceptions du mot "besoin", sous peine de tomber dans une confusion qui n'a pas que des conséquences linguistiques, mais risque d'en amener des psychologiques. C'est ce qui risque de se produire quand, sans y prendre garde, une personne définit comme un besoin, entendu dans le sens d'exigence, ce qui n'est en réalité qu'une préférence ou un goût.

On ne peut que se féliciter du fait que la nature de l'homme soit telle qu'il n'a, *en fait,* que fort peu de besoins — exigences, même s'il a un nombre incalculables de besoins — désirs. Il est en effet possible à un être humain non seulement de survivre, mais encore d'atteindre à sa part de bonheur en n'utilisant que très peu des diverses possibilités qui s'offrent à lui. Plus exactement, le bonheur et le plaisir peuvent être atteints par un être humain d'une foule de manières; quand l'une n'est pas, de façon temporaire ou permanente, disponible, il lui est loisible de la remplacer par une (ou plusieurs autres) qui lui permettra peut-être d'ailleurs de se procurer un plus grand plaisir qu'il n'en aurait éprouvé en se confinant à l'usage des éléments qu'il convoitait au début.

Ainsi, si je n'arrive pas à me faire aimer comme je le désire par Ginette, Claudette ou Paulette, il me reste encore toute la possibilité de chercher à obtenir cet amour de la part d'Aline, Béatrice, Denise ou Françoise. Et même si je n'arrive pas à me faire aimer des femmes que je rencontre, je ne suis pas voué au malheur, puisqu'il me reste encore la possibilité d'apprécier les plaisirs de l'amitié masculine, ou de celle de mon chien. Je peux aussi éprouver un authentique et considérable plaisir en dehors des activités amoureuses, de quelque type qu'elles soient. Par ailleurs, on constatera aussi facilement que toutes les activités amoureuses ne sont pas automatiquement porteuses de bonheur. Ainsi, celui qui préfère des amours tranquilles et sereines et qui, somme toute, rêve d'un amour amical comme je l'ai décrit plus haut, trouvera un vif *déplaisir* à être l'objet d'un amour maniaque, avec tout ce qu'il comporte de violence, d'exagération, de jalousie, de scènes pénibles. Pourtant, l'amour maniaque est aussi de l'amour, et il n'est pas moins "vrai" que les autres genres d'amour.

La réaction émotive d'une personne qui a défini qu'elle a un besoin-exigence d'être aimée par exemple, de telle ou telle personne et de telle ou telle manière, ne sera évidemment pas la même. Plutôt que d'être seulement frustrée quand ce qu'elle exige ne lui est pas accessible et de se sentir, à cette occasion, désappointée, peinée, ennuyée, elle aura facilement tendance à se sentir désespérée, anxieuse, hostile, déprimée. Plus son exigence est forte, plus ces sentiments désagréables seront accentués. Plus également ils viendront bloquer sa créativité et son engagement dans une action qui pourrait peut-être lui permettre d'atteindre l'objet qu'elle convoite.

On peut donc conclure que, paradoxalement, le pire moyen d'obtenir quelque chose est souvent de se le représenter abusivement comme un *besoin,* de *l'exiger.*

Dans le domaine des relations amoureuses, la manie d'exiger et de se représenter l'amour comme un besoin constitue l'un des moyens les plus sûrs de ne pas obtenir cet amour.

On a constaté de tout temps la forte tendance des amants à idéaliser l'objet de leur amour. Ce qu'on a appelé l'amour romantique comporte en général une bonne part de déformation de l'être aimé dans la direction positive. Il semble bien que, chez bon nombre, cette tendance à l'idéalisation soit elle aussi le résultat de la tendance à exiger et à transformer leurs désirs en besoins.

Pensons par exemple à une jeune fille qui s'évalue elle-même négativement, comme c'est souvent le cas à la fin de l'adolescence. Elle aura tendance à se sentir inférieure, incapable, démunie. Comme elle *exige* d'elle-même d'être adéquate et remarquable sous tous les aspects pour pouvoir s'aimer elle-même, il se peut bien que l'amour d'un homme lui apparaisse comme une planche de salut sur l'océan de sa dépression et de son rejet d'elle-même. "Vous n'êtes qu'un rien du tout si personne ne vous aime", répète un dicton anglais. On peut difficilement concevoir une démarche psychologique plus démentielle, mais elle est, il faut le regretter, adoptée par d'innombrables personnes. On voit tout de suite comment une personne qui s'évalue négativement (au lieu de se borner à évaluer seulement ses actions et ses caractéristiques, sans glisser dans l'évaluation d'elle-même) sera portée à imaginer la personne qui l'aime comme un être extraordinaire, doté des plus enviables qualités, dénué de tout défaut, puisque seule une telle personne sera capable de la rescaper de sa dépression et de l'abîme de sa non-valeur. On dit souvent que l'amour est aveugle, et il ne l'est jamais autant que quand il est recherché par une personne qui pense n'avoir aucune valeur. Le voyageur égaré dans le désert et mourant de soif n'est pas très critique quant à la qualité de l'eau du puits qu'il finit par découvrir. Serait-elle croupissante, verdâtre, remplie d'impuretés, il lui trouvera un goût merveilleux.

On observe ce même phénomène chez des personnes qui, souvent fortement infériorisées, parsèment leur discours d'allusions à des personnages "illustres" dont elles prennent plaisir à raconter quelles relations intimes ils entretiennent avec elles. "La semaine dernière, le ministre X me disait...", "L'an dernier, quand j'ai rencontré le président Y..." Il s'agit de la même réaction d'une personne qui pense que sa valeur sera rehaussée du fait qu'elle est en contact avec des individus qui lui apparaissent valables.

L'idéalisation romantique peut aussi être due à une espèce de fixation ou de transfert. Voilà un jeune homme qui, pendant son enfance, a développé une relation affectueuse très forte avec sa mère et qui, pour le reste de son existence, passe son temps à devenir éperdument amoureux de femmes qui présentent quelque ressemblance, ne fut-elle que physique, avec sa mère. Dans de telles conditions, beaucoup des caractéristiques personnelles des nouvelles amantes seront tout simplement ignorées par cet homme, centré qu'il est sur les ressemblances, mêmes minimes, qu'elles présentent avec l'objet initial de son amour.

Par le phénomène d'identification magique, une personne aime violemment une autre personne qui possède à ses yeux des caractéristiques dont elle croit avoir elle-même besoin et que, magiquement, elle croit pouvoir acquérir au contact de celui qui les possède déjà. Ainsi, une femme qui se reproche à elle-même d'être hésitante et timide pourra avoir tendance à aimer un homme qui lui apparaît fort et décidé, avec l'illusion que sa force lui sera transmise par osmose. Elle sera ainsi portée à déformer la réalité totale de son amant pour ne s'attarder qu'aux caractéristiques qu'il, croit-elle, pourra lui transmettre.

Il se peut également qu'une personne devienne amoureuse d'une autre par narcissisme. Voici une personne qui aime authentiquement telle ou telle de ses propres caractéristiques et qui devient amoureuse uniquement des personnes qui possèdent ces mêmes traits, sans tenir compte d'autres facteurs. Ainsi, un homme qui est très fier de son apparence physique pourra avoir tendance à n'aimer que des femmes éblouissantes de beauté à ses yeux, même si par ailleurs certaines d'entre elles ont un caractère détestable ou une intelligence limitée.

Dans d'autres cas, la déformation romantique peut trouver sa racine dans l'hostilité que la personne nourrit à l'égard de certaines figures d'autorité, ses parents, par exemple. Elle aura alors tendance à parer de toutes les qualités et à aimer des personnes qui possèdent des caractéristiques qui seraient les plus désagréables pour ses parents. Ainsi, une jeune fille pourra facilement idéaliser un homme beaucoup plus âgé qu'elle, incapable de se stabiliser, trousseur de jupons par surcroît, au moins en partie parce que cet amour lui permet de s'opposer aux vues de parents qu'elle déteste ou au moins envers lesquels elle tente d'affirmer son autonomie. Il n'y a souvent pas de plus sûr moyen de porter quelqu'un à faire une bêtise que de lui interdire formellement de faire quelque chose. L'interdiction a les mêmes effets qu'une provocation pour beaucoup de gens et si un pomiculteur veut se faire voler ses pommes, il n'a qu'à entourer son verger d'une forte clôture décorée d'écriteaux: "Défense de voler des pommes"!

L'insécurité personnelle peut aussi amener une personne à n'aimer que celles qui lui apparaissent susceptibles de l'aimer et de la protéger pour toujours, sans tenir compte de l'ensemble de leurs traits.

Comme on peut le constater, chacune de ces déformations amoureuses comporte une forme ou une autre d'exigence. A chaque fois, la personne qui aime déclare qu'il lui est *indispensable* de trouver chez ses partenaires telle ou telle caractéristique, que ce soit la force, la beauté, la fidélité, l'intelligence, la délicatesse, l'excellence sexuelle, ou quoi que ce soit d'autre. La personne qui aime déclare aussi qu'il lui est indispensable et nécessaire que l'être aimé possède ces caractéristiques pour *toujours* et qu'il mette ces qualités à son service de façon *permanente*.

De la confrontation de ces exigences avec la réalité, on ne peut tirer qu'une conclusion: leur réalisation est très improbable, surtout s'il s'agit d'une relation destinée à durer de nombreuses années. La démarche logique et saine consisterait alors pour l'amoureux à abandonner ses exigences pour se borner à rechercher et à désirer la meilleure relation possible, sans l'exiger, en se souvenant que *le bonheur est l'art du possible*. Si la personne, à l'encontre du bon sens, maintient ses exigences, elle ne peut qu'être affectée de divers sentiments désagréables et paralysants.

En tête de liste de ces émotions vient l'anxiété. Comme je l'ai déjà expliqué dans *Vaincre ses peurs* (1977), une fois qu'une personne a défini qu'elle avait absolument besoin de quelque chose, il lui est impossible de connaître le repos et la paix, *même quand elle a obtenu ce qu'elle a défini comme un besoin*. En effet, une telle personne sera évidemment anxieuse et troublée pendant sa recherche de l'objet de son amour. Elle sera continuellement préoccupée de trouver le "bon" être à aimer, d'en faire la conquête et de se l'attacher à elle exactement de la manière qu'elle exige. D'où inquiétudes, appréhensions, crainte de ne pas trouver l'amant idéal, crainte de se tromper dans son choix, crainte de rester seule si elle ne le trouve pas.

Les erreurs de choix se trouvent d'ailleurs décuplées par le fait de l'anxiété, celle-ci ayant tendance à venir troubler la lucidité et à entraîner des erreurs de perception. Comme je viens de l'expliquer, la personne peut même devenir anxieuse à cause de son anxiété même, se rendant compte que son anxiété première risque de lui causer des désagréments.

On croirait que cette anxiété se calmerait au moment où la personne croit enfin avoir trouvé l'amant qu'elle exige. En fait, il n'en est rien, puisque l'anxiété, comme toutes les émotions, n'est pas causée par une situation ou un fait, mais par une croyance ou une idée. Dans le cas qui nous occupe, la personne continue à croire que tel amant lui est indispensable. Ainsi donc, quand elle l'a trouvé, elle continue à être anxieuse, et elle l'est même parfois plus, puisqu'elle a maintenant *peur de le perdre*. Quand le poète chante: "Que serais-je sans toi qui vins à ma rencontre?", la réponse prévue est: "Je ne serais qu'une nullité, un bon à rien, un être sans valeur et sans bonheur". On pourrait continuer la chanson. "Maintenant que, par ta merveilleuse présence, tu as semé des fleurs sur mon fumier, que serais-je si tu me quittais, si je te perdais et surtout si tu allais en aimer un autre plus que moi? Je serais de nouveau replongé dans l'abîme de ma nullité, dans l'affreux néant de ma non-valeur. Oh! ne me quitte pas... si tu partais, j'en mourrais." Après cela, on pourra bien dire qu'"il n'y a pas d'amour heureux"! Il vaudrait mieux dire, avec plus d'exactitude et de précision, que tout amour sera malheureux à la mesure même des éléments d'exigence qu'il comporte.

Comme on peut s'en douter, l'amoureux exigeant sera une proie facile pour la jalousie. Il est vraiment important de s'enlever de la tête la notion absurde qui consiste à croire que la jalousie est une indication de l'intensité de l'amour, alors qu'en fait elle ne révèle que l'insanité de certaines formes d'amour. En plus de l'anxiété, la jalousie est une partie du prix que l'amoureux exigeant doit être prêt à payer s'il veut maintenir ses exigences.

Les sentiments de jalousie sont habituellement causés et entretenus par une ou plusieurs des idées irrationnelles suivantes:

1. "Si mon conjoint ou mon amant noue des contacts intimes avec une autre personne que moi, il se peut bien qu'il soit en train de me comparer à elle, et il se peut bien que la comparaison ne soit pas en ma faveur sur bien des points. Il la trouve peut-être plus jolie, plus intelligente, plus sexuellement habile, plus compréhensive que moi. Cela serait affreux et je ne peux pas supporter de ne pas être celle qu'il préfère à tous les points de vue. Il faut que je puisse satisfaire tous les goûts de mon amant et il est intolérable qu'une autre personne possède des caractéristiques qui lui plaisent plus que celles que je possède."

2. "Il se pourrait bien que mon conjoint ou mon amant me délaisse pour s'attacher à une autre que moi. Cela, je ne pourrais pas le supporter. J'ai *besoin* de lui, et de lui tout entier, sans partage. Je ne suis rien sans lui et tout bonheur serait impossible sans sa présence et son affection perpétuelle. S'il me laissait, tout le monde constaterait que je ne valais pas la peine qu'il s'intéresse à moi et je perdrais la face. Cela non plus je ne pourrais pas le supporter. Si jamais je découvrais qu'il me trompe, c'est moi qui le mettrais à la porte. Ce n'est pas lui qui me quittera, c'est moi qui le quitterai."

3. "Toi qui t'intéresses à une autre que moi, tu me fais mal, tu me blesses, tu me rends malheureuse, anxieuse, troublée, insomniaque. J'en perds l'appétit. Tout cela, c'est toi qui me le fais; tu n'as pas le droit de me traiter ainsi. Tu sais combien j'ai *besoin* de toi... je passe mon temps à te le redire, et malgré cela, et malgré l'amour total, unique et sans partage que moi j'ai pour toi, tu persistes méchamment à me torturer en t'intéressant aux autres femmes. Tu n'es qu'un monstre sans coeur, toi qui n'hésites pas à piétiner mon pauvre coeur. Je te déteste, toi que je ne peux pas m'empêcher d'aimer."

4. "Mais, au fond, tu as raison... Je ne suis qu'une nullité, moi qui n'ai pas su te garder pour moi. Je ne suis qu'une pauvre sotte d'avoir été assez naïve pour croire en toi. Je savais bien que je n'arriverais pas à me faire vraiment aimer de toi, toi dont le goût est si sûr et raffiné; tu ne pouvais manquer de me laisser tôt ou tard, en constatant combien je suis pauvre et dépourvue".

Comme on peut le constater, l'exigence amène également des sentiments dépressifs qui, dans certains cas, peuvent aller jusqu'au suicide. Même si la plupart des jaloux ne se tuent pas, ils n'en vivent pas moins des existences déprimées et abattues. Ces sentiments de dépression, conséquence eux aussi de la manie d'exiger, peuvent amener la personne à la passivité et à l'inertie. En effet, elle peut devenir convaincue qu'elle n'atteindra jamais l'objet de ses exigences, que cela est trop difficile pour elle et qu'il vaut mieux abandonner la partie plutôt que de travailler à se procurer ce qu'elle exige. C'est la philosophie du "tout ou rien", à partir de laquelle on peut bien prononcer des discours enflammés ("La liberté ou la mort!") et faire des révolutions sanglantes, mais qui, au fond, n'est souvent que le masque de la passivité engendrée elle-même par l'exigence.

Enfin, comme je l'ai déjà fait remarquer, la manie d'exiger entraîne facilement des sentiments d'hostilité. Il en est presque toujours ainsi quand on se trouve en présence de sentiments d'anxiété. Comme l'amoureux exigeant croit que son anxiété est *causée* par le fait que telle personne ne l'aime pas comme il l'exige, il sera facilement porté à blâmer cette personne, à lui reprocher amèrement de ne pas lui donner l'amour dont il a *besoin* ou à ne pas lui rendre celui qu'il lui donne, à proclamer que ce refus d'amour est *injuste* et *horrible,* qu'il ne *devrait pas* exister et qu'en conséquence celui qui ne l'aime pas est un être affreux et détestable.

Comme la manie d'exiger entraîne tant de conséquences désagréables et même dangereuses, tant au plan des émotions qu'à celui du comportement, on s'attendrait à ce que les amoureux s'en gardent avec soin et, quand ils en constatent la présence, qu'ils appliquent leurs efforts à s'en défaire. Malheureusement, il n'en est habituellement rien, sans doute, en partie, à cause de la tendance humaine, qui semble innée, à transformer les désirs en besoins et les préférences en exigences. Devant la souffrance très réelle qu'il ressent et qu'il croit provenir du fait qu'il n'est pas aimé, alors qu'une bonne part de cette souffrance provient à son insu de son *exigence* d'être aimé, l'amoureux exigeant cherchera souvent de l'aide auprès de ses parents, de ses amis ou d'un thérapeute. Il faut avouer que l'aide qu'il recevra alors sera souvent de mauvaise qualité et que même, dans certains cas, elle contribuera à accentuer et à augmenter son désarroi plutôt qu'à le diminuer.

En effet, si l'ami, le parent ou le thérapeute se borne à offrir à l'amoureux non aimé un amour de remplacement, la situation de ce dernier risque de se détériorer encore plus. Le message fondamental transmis par cette sorte d'"aide" semble être à peu près le suivant: "Tu n'es pas vraiment aimée par ton mari, ton amant, etc., mais moi, je t'aime. Il est vrai qu'on ne peut pas vivre sans amour et je vais te donner la dose qui t'est nécessaire. Puisque je t'aime, tu vois bien que tu n'es pas un être sans valeur, une nullité. Courage, donc! Relève la tête et marche avec la confiance que te donnera l'amour que j'ai pour toi."

Cette démarche peut apparaître noble et elle est certainement agréable, au moins pour l'aidant, qui se trouve ainsi placé dans la position enviable du sauveur, amoureux des malheureux. Mais, même quand elle ne constitue pas une exploitation plus ou moins consciente, elle témoigne d'une grande naïveté. Elle confirme l'amoureux exigeant dans la croyance irrationnelle qu'il a *besoin* d'amour pour être une personne valable et pour être heureux, et que tout va bien pour lui maintenant qu'il reçoit cet amour de son ami, de ses parents ou de son thérapeute. Sa manie d'exiger reste intacte et se trouve même renforcée et il y a tout lieu de croire que cette personne retombera encore dans la dépression quand elle rencontrera encore une personne dont elle cherchera à se faire aimer et qui lui refusera l'amour qu'elle exigera. Cette démarche risque aussi de produire des thérapies interminables, où le thérapeute fait fonction de station service où le client vient faire régulièrement le plein d'amour pour lui permettre de faire face à ce monde méchant où les autres ne l'aiment pas! De plus, il faut ajouter très clairement que la plupart des thérapeutes n'aiment pas la plupart de leurs clients, ce qui ne veut pas dire qu'ils les détestent! L'amour que certains d'entre eux déclarent avoir pour leurs clients n'est donc finalement qu'une illusion qui sera vite démasquée quand le client, se croyant vraiment aimé, commencera à demander à son thérapeute de se comporter comme un ami. Il découvrira alors bien vite que l'"amour" de son thérapeute est bien limité et fort peu incarné. Ajoutons aussi qu'une personne sérieusement troublée se comporte habituellement d'une manière qui peut être très désagréable pratiquement pour n'importe qui et que, dans ces conditions, il serait bien étonnant qu'elle plaise immensément à son thérapeute.

A l'amoureux exigeant déprimé, anxieux et hostile, son aidant pourra essayer de remonter le moral, en lui montrant que s'il ne réussit pas en amour actuellement, il y parviendra peut-être un jour et que, d'autre part, il peut aussi réussir dans d'autres domaines: en affaires, dans les arts, dans les sports et, qu'en conséquence, il n'est pas une nullité, qu'il est digne d'estime. Cette démarche présente l'inconvénient majeur de ne pas attaquer la tendance déjà si ancrée de la personne à s'évaluer en fonction de ses performances. Elle contribue à la convaincre, encore plus qu'elle ne l'était, de l'importance capitale du succès pour parvenir à l'estime de soi-même, et donc de l'importance capitale de l'estime de soi-même pour le bonheur, plutôt que de l'amener rationnellement à abandonner tout essai d'estime et d'évaluation de soi-même, démarche que j'ai démontrée plus haut être à la fois impossible et nocive.

On pensera peut-être aider la personne en l'amenant à *exprimer* le plus pleinement possible sa frustration et ses sentiments de désespoir, d'hostilité et de mépris d'elle-même. Il est hors de doute que cette méthode permet souvent à quelqu'un de se *sentir* temporairement mieux. "Pleurer, ça fait du bien", répète-t-on. Mais, en fait, ce déversement émotif ne permet que de se *sentir* mieux, sans *être* vraiment mieux, puisque la cause fondamentale du malaise, c'est-à-dire la manie d'exiger et les autres pensées irréalistes qui l'accompagnent, ne sont pas touchées par cette procédure. Si vous êtes en train de mourir d'un cancer douloureux, une dose massive de Demerol vous fera probablement vous sentir bien, mais n'enrayera pas du tout le progrès de la maladie! Par ailleurs, il est possible de se sentir très mal alors qu'on va déjà mieux, comme ce serait le cas si un dentiste vous réparait ou vous extrayait une dent gâtée sans anesthésie.

Des méthodes comme la seule discussion intellectuelle, les techniques de relaxation, la méditation, transcendentale ou non, le yoga, les massages, comme elles ne s'attaquent pas non plus, si ce n'est très indirectement, aux *croyances* qui causent les émotions désagréables de l'amoureux exigeant, ne produiront habituellement que des effets transitoires. Elles peuvent amener l'amoureux à centrer temporairement son attention sur des sujets plus agréables et moins troublants que ceux qui occupent généralement son esprit, mais il y a fort à parier que ces pensées, notamment celle du "besoin" d'être aimé, ne seront que recouvertes et continueront à mijoter en sourdine pour recommencer leurs ravages aussitôt que l'amoureux interrompra son usage de ces méthodes. Après tout, quand un chaudron bouillonne et menace de déborder sur la cuisinière, il est sans doute temporairement efficace d'en soulever le couvercle pour laisser la vapeur s'échapper, ou encore de mettre un peu d'huile à la surface de l'eau, ce qui en contiendra temporairement les débordements, mais il est assurément plus efficace de baisser l'intensité de la source de chaleur!

La méthode la plus efficace pour se guérir des maladies de l'amour engendrées par l'exigence consistera finalement à s'en prendre le plus directement et le plus tenacement possible à la cause même du mal. Le "malade" aura donc avantage à se débarrasser de sa manie d'exiger et, pour ce faire, à attaquer, mettre en question, contredire et finalement changer les idées qui la sous-tendent. L'idée principale à attaquer sera évidemment celle qui prétend qu'il est indispensable d'être aimé de telle manière, par telle personne, pour pouvoir être heureux et que c'est une catastrophe irréparable que de ne pas atteindre ses objectifs amoureux.

L'amoureux exigeant apprendra aussi à cesser de *s'estimer* et à *s'accepter* lui-même sans conditions. Il en viendra à comprendre qu'il n'est pas vraiment possible de s'aimer soi-même, mais qu'on peut fort bien et fort confortablement s'accepter soi-même, malgré ses faiblesses, ses défauts et ses bêtises. Comme le "besoin" d'amour est souvent basé sur la non-confiance en soi et la timidité, il aura avantage à apprendre comment s'affirmer lui-même et cesser de quêter à gauche et à droite des bribes d'affection.

De plus, l'amoureux exigeant aura avantage à s'entraîner à augmenter sa tolérance à la frustration, en comprenant bien qu'il n'a pas *besoin* de tout ce qu'il *désire,* qu'il peut s'en passer, temporairement ou même perpétuellement, ou trouver des substituts acceptables, sans pour autant sombrer dans le désespoir. Il apprendra à supporter la frustration, même s'il n'en vient jamais à l'aimer et qu'il continue à la trouver désagréable, ennuyeuse, pénible, mais jamais affreuse, horrible, catastrophique ou intolérable. Tout en changeant les idées qui l'amenaient à être exigeant en amour et donc, paradoxalement, à se priver lui-même de l'objet de son désir, l'amoureux en viendra à s'engager dans des actions que, jusqu'à ce moment, il s'est interdites ou qu'il a peureusement évitées. Son anxiété disparaissant ou, du moins, diminuant, il lui sera plus facile de trouver le courage d'affronter des inconnus, de nouer de nouvelles relations ou d'en interrompre qui ne mènent à rien. Il deviendra actif d'une manière constructive et ordonnée, plutôt que de brûler son énergie à tourner en rond ou à piétiner sur place dans la passivité.

Il laissera de côté bon nombre de préjugés et d'idées toutes faites parce qu'il se préoccupera moins d'obtenir l'approbation de tout le monde, ne se la représentant plus comme une nécessité et un besoin. Il cessera ainsi de suivre les conseils de tout le monde et apprendra à se fier davantage à son propre jugement puisqu'il ne considèrera plus les erreurs potentielles commes des choses terribles, susceptibles d'entamer son estime de lui-même.

Tout cela représente sans aucun doute une bonne somme de travail et les résultats de ce travail ne seront probablement pas instantanés. Beaucoup de personnes qui entreprennent une thérapie l'abandonnent après quelques essais, souvent parce qu'elles ne sont pas vraiment décidées à changer, mais qu'elles persistent à croire obstinément que c'est la réalité qui doit s'adapter à elles. Avec cette mentalité, elles passent plus de temps à raconter interminablement leurs malheurs à leur thérapeute et à réclamer des remèdes magiques qui leur permettraient de devenir autres tout en demeurant ce qu'elles sont, qu'à s'attaquer avec vigueur à leur philosophie irréaliste et à leurs croyances déraisonnables.

Celui qui voudra se guérir du "mal d'amour" n'y parviendra qu'en dépistant, en examinant avec soin et finalement, en arrachant de son esprit les idées qui causent son mal, tout en s'engageant simultanément dans des démarches concrètes qui viennent corriger ses comportements antérieurs déficients. C'est à ce prix qu'il pourra obtenir peut-être l'amour qu'il continuera de désirer tout en ayant cessé de l'exiger.

Chapitre 3

Amour et mariage

S'il est une tradition solidement établie dans notre culture depuis des millénaires, c'est bien celle du mariage. Un jeune homme et une jeune femme, dans le cas le plus fréquent, se rencontrent, se plaisent l'un à l'autre pour quelque raison et décident de partager leur vie entière. En conséquence, et c'est le plus surprenant, alors que dans de nombreuses autres circonstances de leur vie, ils n'ont pas jugé bon de faire participer d'autres personnes à leur décision, ils contractent un engagement officiel qu'ils s'enlèvent la possibilité de réviser ultérieurement sans faire intervenir une autorité publique quelconque.

Il semble assez difficile, à mon avis, de percevoir les avantages d'une telle procédure. Si deux êtres s'aiment et désirent partager leur existence, je ne vois pas que l'Etat ait à en s'en mêler. Si ces mêmes deux êtres décident plus tard, pour des raisons qui leur sont propres, de mettre fin à leur relation et de rompre leur union, je ne vois pas encore pourquoi il faudrait que l'Etat vienne mettre son nez dans une situation dans laquelle ils se sont librement engagés au début.

On m'objectera que, dans de telles situations, des tiers innocents sont exposés à souffrir, comme, par exemple, les enfants. Il suffirait dès lors que la loi protège les enfants mineurs et prenne des dispositions pour faire respecter leurs droits. Et si les conjoints ne parviennent pas à s'entendre sur les conditions de leur rupture, il leur serait toujours loisible, *à leur gré,* de faire appel à l'arbitrage d'un tribunal. Il est temps qu'on en finisse avec ces procédures compliquées et idiotes par lesquelles l'Etat se fait le défenseur du lien matrimonial et exige qu'il y ait plainte, coupable et condamnation. Il faut bien se rendre compte de l'illogisme qui, au moins dans notre pays, rend impossible le divorce à deux conjoints qui, d'un commun accord, le demandent. C'est la loi qui décide quelles sont les raisons admissibles pour demander le divorce, et l'accord mutuel est explicitement exclu de la liste des raisons légalement admissibles. Cette situation ne fait qu'amener les conjoints qui ont décidé de divorcer à monter des scénarios ridicules, à fabriquer de toutes pièces des preuves d'adultère, par exemple, et à se parjurer devant les tribunaux, toutes démarches que la loi et le bon sens réprouvent d'autre part.

Il semble donc que, à la fois pour des raisons humanitaires et des raisons de bon sens, le mariage aurait avantage à devenir un contrat purement privé, assorti des conditions que les conjoints eux-mêmes voudraient bien y inscrire. On ne voit pas pourquoi cet Etat en deviendrait moins stable puisque déjà un grand nombre de mariages aboutissent à la séparation ou au divorce. Il y a même lieu de croire que, rendus plus explicitement conscients de leurs responsabilités personnelles dans l'engagement dont ils fixeraient eux-mêmes les conditions, les conjoints s'engageraient moins à la légère, pèseraient plus longuement leur décision et expliciteraient plus clairement entre eux bien des points qu'aujourd'hui ils ne considèrent même pas. Il s'ensuivrait plus de mariages réfléchis et possiblement moins de ruptures inutiles, puisqu'il serait possible aux conjoints de réviser périodiquement les conditions de leur union, de les modifier ou de les abroger sans pour autant opérer une rupture complète. C'est finalement la société dans son ensemble qui profiterait de cette flexibilité, seuls certains de ses membres (juges, avocats, enquêteurs) se trouvant dans la nécessité de se trouver un autre emploi!

Ceci dit, à propos de l'aspect légal du mariage, est-il opportun que tout le monde se marie, c'est-à-dire s'aventure à vivre de façon plus ou moins stable avec un autre être humain, partageant avec lui un grand nombre d'activités et s'occupant avec lui d'élever des enfants? Il ne faut pas hésiter à répondre non à cette question, pour toute une série de raisons.

Tout d'abord, le mariage suppose habituellement un contact plus ou moins intime et prolongé avec un autre être humain. A ce seul titre, il constitue une situation particulièrement délicate. Même dans les meilleures conditions d'équilibre et de santé mentale de la part des *deux* partenaires, la durée du contact et son intimité inévitable constituent des conditions favorables à l'éclosion de problèmes.

Il peut être relativement facile de changer d'emploi quand on ne s'entend pas avec le patron, il peut être facile d'éviter des compagnons de travail ou de voyage déplaisants, mais il est moins facile d'éviter un conjoint qui, forcément, sera doté de caractéristiques agréables *et* désagréables, quand on partage avec lui la même maison et le même lit.

S'il est déjà souvent difficile à deux conjoints bien équilibrés d'arriver à s'entendre assez bien pour que leur vie commune soit plus agréable que désagréable, combien cela sera-t-il plus difficile quand l'un des conjoints ou, pis encore, les deux seront plus ou moins profondément névrosés! C'est une erreur capitale de croire que le mariage "arrange les choses". Loin de les arranger, il les empire souvent, au point qu'on a pu le comparer à une serre chaude dans l'atmosphère de laquelle la névrose se développe et prolifère à un rythme accéléré. Loin de contribuer à régler des problèmes personnels non résolus chez les conjoints, l'état matrimonial ne fait habituellement que les exacerber. Quelque définition qu'on puisse donner d'un névrosé, il n'en reste pas moins qu'il s'agit d'une personne qui est mal à l'aise dans sa peau, dont les gestes et les pensées l'empêchent d'atteindre les objectifs qu'elle convoite, qui est en mésentente avec elle-même. Il n'y a pas de raison de supposer qu'une telle personne parviendra à s'entendre mieux avec un autre être humain qu'elle ne le fait avec elle-même.

Bien sûr, c'est une question de degré et il n'est pas faux de dire que tout le monde est au moins quelque peu névrosé, puisque que chacun d'entre nous abrite consciemment ou inconsciemment dans son esprit des idées fausses qui l'amènent à poser des actes qui lui sont nuisibles. Pour beaucoup de gens, cependant, ce phénomène n'est que marginal et ne vient pas entraver sérieusement leur capacité de fonctionner de façon appropriée. Mais pour d'autres, la névrose loge au coeur même de leur existence et se manifeste dans un grand nombre de leurs comportements. J'ai toujours trouvé désolant de voir une personne profondément névrosée s'engager dans le mariage, car ses chances d'y trouver le bonheur sont infimes. Sauf le cas rarissime où cette personne s'alliera à un partenaire exceptionnellement équilibré et sain qui pourra lui servir de thérapeute, il faut prévoir que le mariage ne sera pas pour elle la porte du bonheur terrestre, mais bien celle du malheur.

Je me souviens d'un jeune homme qui vint me consulter et me demander de l'aider à se défaire des sentiments intenses de jalousie qu'il ressentait à propos de ses amies féminines. Quelques minutes de conversation me suffirent à conclure que je me trouvais en face d'un exemplaire typique de l'amoureux maniaque. Mécontent de lui-même, infériorisé, rempli d'insécurité, il me racontait comment il devenait très troublé à son travail à la pensée que son amie était possiblement en train de prendre un bain de soleil dans son jardin et que, pendant qu'il trimait à la tâche, elle exposait les charmes de sa nature à la contemplation admirative des voisins. Cette pensée l'empêchait de se consacrer à son travail et il ne laissait pas passer d'heure sans téléphoner à son amie pour lui redire qu'il l'aimait, lui demander si elle l'aimait toujours et l'inciter à la fidélité.

Je déclarai à ce jeune homme qu'il aurait avantage à clarifier la cause de son insécurité fondamentale, la jalousie n'étant pas du tout une indication de la présence de l'amour, de quelque type que ce soit, mais plutôt une mesure de l'insécurité et de la peur du jaloux. Il me répondit qu'il était bien d'accord et qu'il souhaitait vivement entreprendre avec moi une démarche thérapeutique, mais que cela devrait se faire vite puisqu'il comptait épouser la jeune fille en question le samedi suivant.

J'eus beau le conjurer littéralement de remettre à plus tard cette cérémonie, lui représenter les risques considérables pour son bonheur qu'il prenait en se mariant dans ces conditions, lui peindre un noir tableau des conséquences que sa névrose ne manquerait probablement pas d'amener dans sa vie matrimoniale, rien n'y fit. Toute la famille était déjà avertie, les services du prêtre réservés, le repas de noce commandé. J'ai rarement eu autant l'impression de voir quelqu'un se jeter dans la gueule du loup!

Une autre de mes consultantes était une jeune femme d'environ vingt-cinq ans. A l'époque où je la rencontrai, elle fréquentait depuis quelques mois un homme de quelques années son aîné, qui, selon sa description, était lui-même profondément névrosé. Elevé par ses parents dans cette mentalité qui veut que toutes les femmes soient les servantes de l'homme, ce monsieur considérait comme tout naturel que l'éventuelle compagne de sa vie soit pour lui une manière d'esclave toujours prête à satisfaire ses moindres désirs. Il n'avait que peu d'égards pour elle et, entre autres choses, lui volait ouvertement son argent sous prétexte d'emprunts qu'il "oubliait" toujours de rembourser. Ordinairement sans emploi, il passait le plus clair de son temps à flâner ou à hanter les buvettes pendant que ma consultante trimait du matin au soir dans une usine.

De son côté, la jeune fille déclarait ressentir pour ce gaillard une irrésistible attirance. Elle trouvait toutes sortes d'excuses à ses actions et devenait fort agitée quand je faisais mention de l'un ou l'autre des comportements inexcusables de son bien-aimé. Elle m'assurait qu'elle saurait bien le mettre à la raison et faire de lui un homme fiable et dévoué à son bonheur. Quand je lui demandais comment elle comptait s'y prendre pour opérer cette métamorphose, elle demeurait bien vague. C'était bien la rencontre de l'exploiteur et de la poire, sous les traits de l'amoureuse maniaque.

Ce n'est qu'avec le temps et une démarche thérapeutique en profondeur que cette jeune femme en vint à se rendre compte qu'elle tressait elle-même la corde pour se pendre. Ses sentiments d'insécurité et d'infériorité, alliés à une peur profonde de la solitude et à la conviction absurde que le mariage règlerait tous ses problèmes, l'empêchaient de voir dans quelle prison elle allait s'enfermer. Ce n'est que quand elle fut parvenue à cesser de s'évaluer comme une loque sans valeur et à s'accepter comme un être humain ayant les mêmes droits que tout le monde qu'elle réussit à mettre à la porte son encombrant amant.

A la porte du mariage, on pourrait mettre l'écriteau: "Névrosés non traités: s'abstenir."

Les névrosés plus ou moins accentués ne sont pas les seuls pour lesquels le mariage ne présente pas d'avantages.

Certaines professions ou occupations se concilient mal avec la stabilité que présuppose souvent le mariage. Certains hommes et certaines femmes sont à ce point engagés dans le travail, la création artistique, la politique, qu'un mariage conventionnel et les responsabilités qu'il comporte seraient difficilement conciliables avec leurs occupations. D'autres personnes, exceptionnellement douées et talentueuses, se tirent très bien d'affaire sans être mariées et pourraient avoir beaucoup à perdre en le faisant. D'autres encore sont ou trop sensibles, ou trop sélectives, ou trop exigeantes pour parvenir à trouver un partenaire qui les satisfasse vraiment.

On en concluera donc que le mariage ne convient vraiment qu'à une partie des hommes et des femmes. Certains sont relativement inaptes au mariage et, pour d'autres, les avantages qu'ils retireraient du mariage ne viennent pas compenser les pertes qu'ils subiraient en s'y engageant.

On peut cependant conclure également que, pour la majorité des gens, le mariage demeure relativement approprié. Il n'est peut-être pas le plus grand bien, mais il est au moins souvent le moindre de deux maux. Ceci est sans doute souvent vrai surtout pour la femme, dans notre culture. Le mariage lui offre la chance d'enfanter et d'élever des enfants, lui donne un certain standing social, une sécurité affective et matérielle. Tout cela, elle peut aussi l'obtenir en dehors du mariage, mais les choses étant ce qu'elles sont actuellement, il y a fort à parier qu'elle n'y parviendra pas.

Il est souvent pénible de vivre avec un autre et un mariage relativement heureux suppose certainement de nombreux ajustements et concessions de part et d'autre, mais pour beaucoup de gens il est encore pire de vivre seul, sans appui et sans compagnie. S'il est de nombreux mariages malheureux, il serait exagéré de prétendre qu'ils le sont tous. Un petit nombre constitue des expériences lumineuses et procure aux partenaires un très grand bonheur; la plupart sont moyens, mais sans doute pas aussi mauvais que pourrait le laisser croire le nombre sans cesse croissant des divorces. Il semble certain que beaucoup de ces divorces sont inutiles; loin de moi l'idée qu'une fois mariés, les partenaires doivent "s'endurer" à n'importe quel prix. Il est de nombreux mariages qui n'auraient jamais dû être contractés et pour lesquels le divorce constitue la moins mauvaise solution. Dans bien d'autres cas, cependant, un peu plus de tolérance, un peu moins de romantisme, un peu plus de bonne volonté et de bon sens suffiraient à rendre plus agréables des unions dont la dissolution n'améliore rien. Il n'est pas rare en effet que des divorcés contractent de nouveaux mariages qui sont aussi mal foutus que celui qu'ils ont rompu. C'est notamment le cas quand les deux partenaires sont notablement névrosés. Le mariage ne constituant pas la cause de leur trouble, mais tout au plus un facteur favorable au développement de leur névrose, il en résulte qu'à moins de se mettre résolument au travail et d'élucider les causes des troubles qu'ils portent en eux, ils se retrouvent avec les mêmes problèmes dans un décor différent. La névrose possède cette caractéristique redoutable d'être éminemment transposable!

Maintenant que j'ai exposé les raisons qui m'amènent à conclure que le mariage n'est pas la solution-miracle aux problèmes personnels et à ceux qu' apporte la vie, qu'il n'est donc pas approprié pour tous, il n'en reste pas moins vrai que la grande majorité d'entre nous, pour des raisons valables comme pour des raisons névrotiques, continuerons à nous engager dans cet état. Il sera donc utile de considérer un certain nombre d'éléments qui sont susceptibles de rendre la situation matrimoniale au moins supportable et qui, quand les circonstances sont favorables, peuvent la rendre positivement agréable. Je m'attaquerai d'abord au sujet de la compatibilité des partenaires matrimoniaux.

Chapitre 4

Amour, mariage et compatibilité

A la différence de l'amour, qui ne désigne que *l'attirance* que ressent un être pour un autre en fonction de certaines de ses caractéristiques, le mariage est une *relation* qui s'établit entre un homme et une femme et qui, au moins en principe, est censée durer une partie importante de leur vie. Il est clair que l'attirance réciproque des personnes impliquées contribuera souvent à la stabilité de cette relation et au bonheur qu'elles en retireront, mais il est loin d'être le seul élément qu'il soit important de considérer dans l'établissement et la poursuite de la relation matrimoniale. En d'autres termes, il ne suffit pas que les partenaires se sentent attirés l'un par l'autre pour conclure que le mariage est tout indiqué et il ne suffit pas de s'aimer pour que le mariage comporte plus de bonheur que de malheur.

Sans doute ne s'agit-il pas de faire un absolu de la réussite matrimoniale sous tous ses aspects, puisque cette démarche, comme toutes celles qui consistent à transformer des désirs en exigences et des préférences en besoins, tend à empêcher la réalisation des objectifs eux-mêmes. En effet, la personne qui ne réussit pas à atteindre les objectifs qu'elle exige a tendance à considérer cet échec comme une catastrophe et à ressentir, en conséquence, beaucoup d'anxiété à cette occasion. Il est même fréquent que la seule possibilité d'échouer dans la poursuite d'un objectif perfectionniste engendre chez la personne une telle anxiété qu'elle l'amène à poser à son insu les gestes mêmes qui provoquent l'échec. Ainsi en serait-il par exemple d'une épouse qui exigerait une entente parfaite et sans défaillance avec son conjoint et qui considérerait la moindre divergence comme un signe avant-coureur d'une rupture éventuelle. Il est fort possible que l'anxiété engendrée par une telle exigence l'amène à être si tendue et si appréhensive qu'il en résulte de nombreuses divergences dans le couple et que la rupture redoutée ait, dès lors, plus de chance de se produire.

Ceci dit à propos de la tendance possible à *exiger* une entente matrimoniale parfaite, il reste qu'il est tout à fait intelligent de prendre tous les soins pour choisir le partenaire matrimonial le plus compatible possible.

Examinons certaines démarches qui peuvent être utilisées pour établir cette compatibilité ou, au moins, pour en favoriser la possibilité.

Tout d'abord, les futurs époux feraient mieux de s'attendre à rencontrer une bonne dose de divergences dans leur relation matrimoniale. Il est à peu près inconcevable que deux êtres humains s'entendent à propos de tout et aient, à propos de tout, les mêmes attitudes et les mêmes intérêts. Un tel degré de compatibilité n'existe que dans les romans à l'eau de rose et dans les contes de fées. Il s'agira donc pour chacun des partenaires d'être prêt à *accepter,* sans drame, bon nombre des comportements, des goûts, des préférences et des défauts de l'autre. Il ne vaut pas la peine de se préoccuper de nombreuses petites divergences qui peuvent exister entre deux époux; il vaut mieux les passer sous silence et les accepter comme les imperfections de toute relation humaine.

Il est possible *jusqu'à un certain point,* d'amener une autre personne à modifier certains de ses comportements ou de ses habitudes. On n'y arrivera cependant pas la plupart du temps en se mettant sur son dos et en exigeant sans cesse qu'elle change. Ce genre d'insistance agaçante n'amène souvent la personne qu'à s'ancrer encore davantage dans le comportement qu'on voudrait lui voir changer.

Il s'agit d'ailleurs de choisir un comportement qui est vraiment nuisible à celui qui le pose, et non pas seulement à celui qui veut changer l'autre. La pratique de la psychothérapie m'a appris que, même quand un changement d'habitude ou d'action serait fondamentalement utile au consultant tout en étant absolument indifférent pour le thérapeute, on observe encore souvent beaucoup de résistance au changement. Il est logique de s'attendre à une résistance encore plus grande de la part de celui qui croit que le changement qu'on exige de lui profitera surtout à l'autre.

L'amour est ici une motivation puissante. Il n'est pas rare qu'une personne change un de ses comportements grâce, en partie, à l'amour qu'elle reçoit d'une autre. On a même pu dire que la seule motivation finalement efficace pour amener une femme à se soumettre à un régime alimentaire et perdre du poids était son désir de plaire à un homme et de continuer à recevoir son affection. Il ne s'agit pas ici de faire une espèce de chantage et de rendre l'amour conditionnel à la réalisation de telle ou telle modification. Il s'agit plutôt, pour un partenaire, de continuer à témoigner son affection à l'autre, en dépit de ses actions ou habitudes désagréables. Malheureusement, c'est habituellement la démarche contraire qu'adoptent la plupart des conjoints. Ils se mettent facilement à détester leur partenaire à cause d'une de ses habitudes et, de cette manière, ils contribuent sans s'en rendre compte, à la permanence de cette habitude plus qu'à son changement.

Tout conjoint a également avantage à développer son art du compromis et de la négociation. Il n'y a guère moyen d'arriver à développer une relation interpersonnelle harmonieuse avec qui que ce soit, sans une bonne dose de tolérance et de négociation. Ainsi, si monsieur adore faire jouer le stéréo au maximum, il peut être amené à le faire quand madame est absente ou à se procurer un casque d'écoute qui lui permettra d'atteindre son plaisir, sans casser les oreilles à tout le monde. Si madame aime passionnément le théâtre alors que monsieur préfère les spectacles sportifs, les deux peuvent en arriver à un compromis selon lequel, en alternance, ils vont à l'un et à l'autre, ou selon lequel ils s'autorisent à aller, chacun de leur côté, à leurs spectacles favoris avec des amis plutôt qu'ensemble.

De telles négociations supposent une bonne communication entre les conjoints et l'éradication de l'idée qu'ils doivent partager *toutes* leurs activités et ne rien faire l'un sans l'autre.

Dans ce domaine comme dans bien d'autres, mieux vaut prévenir que guérir. Autant, dans notre milieu, il serait ridicule pour une personne d'en épouser une autre qu'elle n'aime pas et qui ne l'aime pas, autant il peut être absurde pour elle d'épouser toute personne qu'elle aime. Il vaut mieux *choisir,* parmi tous les partenaires que la personne aime ou pourrait aimer, celui qui est naturellement le plus compatible avec ses goûts et ses caractéristiques.

Cela suppose d'abord que le jeune homme et la jeune fille fréquenteront de nombreux partenaires différents et se garderont de se laisser emprisonner trop vite dans une relation exclusive. Il est profondément attristant de voir des adolescents de seize ou dix-sept ans agir très sottement sur ce plan en se comportant comme des amoureux jaloux et exclusifs et en se privant de la variété d'expériences et de contacts qui leur permettrait de faire un choix de partenaire plus éclairé. Je n'hésiterais pas à conseiller à un jeune homme ou à une jeune fille qui me raconterait que l'un de ses partenaires agit de cette façon et lui fait des scènes quand il, ou elle, sort avec un autre partenaire de laisser tomber prestement le jaloux qui, selon toute probabilité, ne peut pas constituer un conjoint éventuel valable à moins de travailler sérieusement à se défaire de son insécurité et de son mépris de soi.

Il est donc extrêmement important que les partenaires se connaissent aussi complètement que possible avant de se marier. Les fréquentations occasionnelles ne permettent ordinairement pas d'obtenir cette connaissance profonde, à la fois parce qu'elles sont trop brèves et qu'elles comportent fatalement des éléments artificiels. Il est clair qu'un garçon qui fréquente une jeune fille, même cinq soirs par semaine, ne se conduit pas avec elle de la même manière qu'il le ferait s'ils vivaient ensemble. Il est donc très recommandable que les éventuels époux vivent littéralement ensemble pendant plusieurs mois et, de préférence pendant une année complète avant de formaliser leur union, s'ils le désirent. La cohabitation prolongée pendant un an donne une meilleure chance à chacun de connaître les réactions et les caractéristiques de l'autre dans une variété de circonstances, certaines de ces circonstances n'intervenant qu'une fois par année, comme par exemple la période des fêtes de Noël et tous les contacts sociaux et familiaux qu'elle comporte habituellement dans notre milieu, ou la période des vacances estivales, amenant des changements d'activités qu'on ne retrouve pas à d'autres périodes de l'année.

Même avec une expérimentation aussi longue et aussi variée, les risques d'erreurs dans le choix du partenaire existent encore, mais ils sont bien moindres qu'ils ne le seraient dans le cas d'un mariage conclu après quelques semaines ou quelques mois de fréquentations occasionnelles, où l'élément romantique prédomine presque fatalement.

Même dans ces cas où il n'est pas possible aux deux partenaires de vivre ensemble pendant plusieurs mois, et bien que cette procédure demeure celle qui garantit les meilleures chances de succès, les partenaires qui ne se rencontrent qu'occasionnellement auront avantage à mettre la pédale douce sur les manifestations affectives l'un envers l'autre et à tenter de se connaître sur d'autres plans que celui du rapport amoureux.

Il est bien clair que les échanges amoureux constituent la part la plus agréable des contacts pré-matrimoniaux, mais si deux amoureux consacrent tout le temps qu'ils sont ensemble à n'explorer que ce domaine, ils ne pourront pas apprendre à se connaître sous bien des aspects qui jouent un rôle important dans la vie de tous les jours. C'est déjà quelque chose, bien sûr, pour Henriette de savoir si Henri est capable de se comporter en amoureux chaleureux et sexuellement habile, mais il n'est peut-être pas moins important pour elle de connaître ses réactions habituelles quand il est fatigué, quand il est déçu à son travail, quand il est en contact avec d'autres personnes qu'elle, toutes situations qui ne manqueront pas de se produire continuellement au cours d'une vie matrimoniale s'étendant sur une cinquantaine d'années. D'autre part, Henri aura avantage à connaître Henriette quand elle est malade, quand elle vient de rater un examen ou que son patron l'a réprimandée et quand sa mère lui téléphone pour lui raconter les déboires de sa propre vie matrimoniale. C'est donc par les gestes, plus que par les paroles, que les partenaires auront la meilleure chance de se connaître. Nul jeune homme ou jeune femme ne voudrait probablement consciemment épouser un partenaire névrosé ou sérieusement troublé. Cependant, il est clair que la dernière chose qu'un névrosé désire qu'on connaisse de lui, c'est précisément sa névrose, et il pourra avoir inconsciemment développé tout un ensemble de stratégies destinées à la masquer aux yeux des autres. Tel garçon, très assuré en paroles, se révélera bien timide quand il s'agit d'affronter dans l'action des inconnus. Tel autre qui prétend adorer les enfants s'impatientera en quelques secondes à leur contact réel. Telle jeune fille qui assure son amoureux qu'elle ne rêve que de passer des soirées tranquilles avec lui à lire de bons livres apparaîtra, à l'essai, incapable de rester assise plus de quinze minutes. Telle autre qui déclare ignorer la jalousie et être complètement ouverte et permissive sur le plan des relations interpersonnelles réagira peut-être fort différemment quand elle verra les yeux de son ami suivre une autre jeune fille dans la rue. Voilà des réactions et des caractéristiques qu'il est très important de connaître *avant* de passer au mariage.

Tout cela prend du *temps,* mais il sera raisonnable de consacrer quelques mois à expérimenter une relation qu'on pense devoir dûrer des centaines de mois et il vaut mieux vivre sa lune de miel bien avant le mariage que tout de suite après!

La notion romantique, qui veut que deux êtres qui s'aiment soient automatiquement faits pour vivre ensemble, est donc à expulser le plus complètement possible de l'esprit des amoureux. Elle sera avantageusement remplacée par la notion plus réaliste suivante: deux êtres qui s'aiment peuvent *peut-être* vivre avantageusement ensemble pendant de longues années, mais leur plaisir conjugal dépendra de nombreux autres facteurs que le seul amour qui les pousse l'un vers l'autre. Ceci n'est sans doute pas très romantique, mais le romantisme m'apparaît avoir causé plus de malheurs prolongés que de bonheurs passagers.

Dans les contes de fées de notre enfance, l'amante soumet son amant à toutes sortes d'épreuves: il doit pour elle combattre des dragons, traverser les mers et affronter les déserts, pendant que la belle attend au coin du feu qu'il lui apporte la preuve de son amour et de son dévouement. Voilà qui est bien romantique et quelle jeune fille ne s'est déjà vue dans ce rôle de la princesse qui attend le prince charmant. Pour mon compte, j'aimerais mieux que la jeune fille sache, avant le mariage, si son amant qui prétend être disposé, pour elle, à affronter des monstres sera également capable d'aller chercher un litre de lait au magasin du coin et si ce héros parviendra à se lever sans rechigner quand le bébé braillera à deux heures du matin. Comme je l'ai déjà fait remarquer, les amours de type amical et pragmatique offrent de meilleures chances de succès et de permanence que des amours violemment érotiques, ludiques et surtout maniaques. Ces amours ne sont pas meilleures que les autres, pas plus qu'une scie n'est meilleure qu'un marteau: tout dépend de l'usage qu'on compte faire de chacun. Il s'agit simplement de se rendre compte qu'on ne bâtit pas une relation prolongée, intime et quotidienne, à partir de n'importe quelle base.

Chapitre 5

Sexualité — Amour — Mariage

Quand un jeune adulte commence à penser à se marier et donc à exercer sa sexualité "officiellement" et d'une manière socialement approuvée, il est évident que, dans la plupart des cas, il a déjà commencé plus ou moins clandestinement à exercer cette sexualité. La société dans laquelle nous vivons, pour des raisons sociologiques, éthiques et économiques, rend pratiquement impossible le mariage avant la fin de l'adolescence. Mais la nature n'a pas attendu la vingtaine pour éveiller chez le garçon et la fille des désirs et les pulsions caractéristiques de la sexualité. Elles sont déjà présentes chez le tout jeune enfant et connaissent leur épanouissement au cours de l'adolescence. Malgré cette évidence connue depuis des siècles, la société continue plus ou moins explicitement à condamner et à réprouver tout exercice extra-matrimonial de la sexualité, qu'il s'agisse de masturbation, de relations affectives non coïtales ou de relations sexuelles proprement dites prémaritales.

Cette attitude n'a pas été sans causer d'innombrables et graves problèmes à des milliards de jeunes hommes et femmes et il ne sera pas inutile d'examiner ces problèmes et de s'efforcer de leur trouver des solutions.

La masturbation

Il n'y a heureusement presque plus personne qui croit ajourd'hui que la masturbation fait perdre la vue, "ramollit" le cerveau ou mène à l'impuissance ou à la débilité mentale, encore que j'aie rencontré, il y a quelques mois, un adolescent parfaitement intelligent, par ailleurs, qui se languissait d'anxiété, croyant que la masturbation qu'il pratiquait avec assiduité risquait de l'amener à être incapable plus tard de procréer des enfants.

Bien que la plupart des adultes déclarent croire aujourd'hui que la masturbation est inoffensive, on n'en trouvera pas beaucoup pour en vanter les avantages et pour en recommander directement la pratique. J'ai entendu, il y a peu de temps, un personnage qu'on avait présenté comme un spécialiste de l'éducation sexuelle des enfants, déclarer dans un entretien télévisé que, vu que dans notre culture les enfants croient souvent que la masturbation est immorale et dangereuse et qu'en conséquence ils ont tendance à s'en sentir coupables, il valait mieux pour les parents respecter la conscience de l'enfant et, tout en l'assurant que la masturbation n'est pas dommageable, trouver des moyens pour aider l'enfant à dépasser ce stage. Voilà un raisonnement qui laisse interdit puisqu'il consiste sournoisement à excuser d'une main ce qu'on continue à réprouver de l'autre. Si l'enfant croyait qu'il est immoral ou dangereux de boire de la limonade, de marcher sur les fentes du trottoir ou de répandre du sel sur la nappe, tout en ressentant une vive attirance à poser ces gestes, serait-il logique pour un adulte de respecter la "conscience" de l'enfant quant à ces mythes et de trouver des moyens pour aider l'enfant à cesser de boire de la limonade ou de répandre du sel sur la nappe? C'est pourtant la suggestion qu'on entend faire souvent aux mères qui déclarent avoir découvert que leur enfant se masturbe.

"Distrayez-le, occupez-le, montrez-lui à s'amuser avec autre chose. Bien que la masturbation ne soit pas mauvaise, il ne faut pas qu'elle devienne le centre des préoccupations de l'enfant... cela pourrait être malsain." On n'entend jamais le conseil opposé!

Beaucoup de gens pensent que la masturbation constitue un acte immature et que, si elle est pratiquée par un adulte, elle révèle chez lui de graves problèmes de la personnalité. De fait, il n'en est habituellement rien. Les enquêtes des sexologues, notamment celles de Kinsey, ont démontré que la masturbation était pratiquée à tous les âges, de l'enfance à la vieillesse. On ne peut guère parler de trouble grave de la personnalité que dans ces cas, apparamment fort rares, où un individu qui peut disposer d'autres sources de gratification sexuelle, ne réussit à trouver cette gratification que dans la seule masturbation. Ce sera le cas du mari qui ne peut obtenir d'orgasme avec sa femme ou tout autre femme ou homme et qui recourt *exclusivement* à la masturbation pour se le procurer. Sa situation est évidemment différente de celle d'autres personnes pour lesquelles la masturbation est le seul moyen pratique de se procurer le plaisir sexuel: je pense aux prisonniers, aux marins et aux militaires, aux personnes engagées dans la vie religieuse, aux ermites et solitaires de tous genres, à tous ces gens pour lesquels le contact avec un autre être humain d'un sexe ou de l'autre est impossible, comporte trop d'inconvénients ou ne correspond pas à leurs préférences sexuelles. Pour tous les autres, qui pratiquent la masturbation en même temps que d'autres activités sexuelles impliquant un partenaire, la masturbation ne constitue pas plus un reliquat de l'enfance ou de l'adolescence que toute autre habitude développée pendant ces périodes de la vie, par exemple celle d'aller à bicyclette.

On objecte souvent que la masturbation est une activité asociale qui tend à "replier la personne sur elle-même". C'est là, à mon avis, prendre la cause pour l'effet. Un jeune homme ou une jeune fille qui a peur des contacts interpersonnels, qui est anxieux ou retiré, peut fort bien être amené à choisir la masturbation plutôt que le contact homosexuel ou hétérosexuel comme source de gratification sexuelle. La culpabilité qui accompagnera peut-être cette pratique, *et qui n'est pas due à la masturbation,* mais bien aux *croyances* du masturbateur se représentant la masturbation comme un geste vil et méprisable, pourra accentuer encore sa tendance à l'isolement et au repli sur soi. Il y a de nombreuses activités pratiquées solitairement qu'on ne taxe pas de vicieuses ou d'asociales; il est aussi absurde de déclarer que la masturbation mène à l'isolement social et au repli sur soi que de prétendre qu'il est plus sain d'aller au cinéma que de regarder seul la télé chez soi, ou que les êtres vraiment sains vont lire dans une bibliothèque publique plutôt que dans leur salon!

Certaines personnes prétendent aussi que la masturbation n'est pas une activité qui permet une pleine satisfaction émotive, comme le ferait le rapport sexuel avec une autre personne. Notons tout de suite que de tels rapports interpersonnels de nature sexuelle sont loin d'être toujours et pour tous des paradis de la satisfaction émotive. Par ailleurs, il est également exact de remarquer que la personne qui se masturbe "à froid", c'est-à-dire sans contenus imaginatifs dans l'esprit, n'arrivera probablement pas à expérimenter des émotions très comblantes, mais il est abusif de condamner une pratique parce qu'un certain nombre de ses adeptes sont maladroits ou inexpérimentés. Cela est aussi sot que de prétendre que la peinture est un mode d'expression inadéquat parce que certains peintres peignent des croûtes.

Sous-jacente à cette opinion, on soupçonne la présence de la notion que la sexualité pratiquée sans amour est une activité mauvaise, méprisable, immorale. Cette croyance a une longue histoire dans notre civilisation et je me réserve d'en parler en détail dans un chapitre subséquent. Qu'il suffise de noter, pour l'instant, que la tendance à l'expression sexuelle, présente chez tous les êtres humains normaux, ne requiert aucune justification et que bien qu'il soit *souvent* plus agréable d'exercer sa sexualité avec une personne pour laquelle on ressent des sentiments amoureux, il est abusif et injuste de condamner toute activité sexuelle se déroulant entre des partenaires qui ne ressentent pas de sentiments amoureux particulièrement marqués l'un pour l'autre.

Il reste encore quelques personnes, sans doute, qui croient que la masturbation peut éventuellement causer l'impuissance ou la frigidité chez l'adulte. Les données cliniques tendent plutôt à démontrer le contraire et soulignent, par exemple, que la femme qui s'est masturbée pendant l'adolescence à plus de chances de parvenir à l'orgasme dans le contact interpersonnel. Loin d'être un handicap, la pratique de la masturbation apparaîtrait ainsi plutôt comme un entraînement favorable à la réalisation ultérieure de contacts sexuels bien réussis. Cette croyance semble plutôt reposer sur un reste de puritanisme sexuel considérant la masturbation comme un geste mauvais dont la punition se trouve dans l'incapacité ultérieure de réussir le coït.

Certains croient aussi que la masturbation peut être pratiquée à l'excès et amener son adepte à épuiser sa force amoureuse. On n'est pas loin des enseignements des éducateurs de notre enfance qui prétendaient que les masturbateurs étaient pâles et boutonneux, toujours fatigués, parce que présumément leurs forces vitales s'épuisaient avec leur sperme.

En fait, l'étude de la physiologie sexuelle démontre clairement que le mécanisme de la réaction sexuelle est auto-régulateur. Quand un homme ou une femme a atteint la limite de sa capacité de réactions à la stimulation, la réaction cesse d'elle-même. L'homme devient incapable d'avoir une érection et la femme, tout en demeurant capable du coït n'en reçoit ni profit, ni désavantage.

A la suite de ces considérations, il semble légitime de conclure que, non seulement la masturbation constitue la plupart du temps une activité "normale" des êtres humains, mais qu'elle comporte des avantages tangibles. Ce n'est pas l'enfant, l'adolescent ou l'adulte qui se masturbent à l'occasion, ou même régulièrement, en l'absence d'autres sources de gratification sexuelle qui sont sujets à caution, mais bien ceux qui ne s'engagent jamais dans cette activité. La glorification de la virginité dans certains milieux apparaît plus comme un phénomène pathologique que comme une indication de santé mentale.

Les caresses érotiques

La langue française ne semble pas disposer de mots qui rendent le sens exact des termes américains "petting" et "necking" et on est réduit à utiliser des périphrases comme "caresses et attouchements sexuels conduisant souvent à l'orgasme sans intromission". Très élégant!

Voilà encore une activité inoffensive à laquelle sont attachés de puissants préjugés négatifs. On retrouve encore à son sujet l'attitude contradictoire d'une culture qui désapprouve le coït pré — ou extra-matrimonial et qui, en toute logique, devrait plutôt recommander des formes d'expressions sexuelles comportant moins d'inconvénients mais qui, loin de le faire, les englobe dans la même réprobation.

Cette activité, si elle n'est pas pratiquée exclusivement ou de façon compulsive, ne semble entraîner aucun inconvénient et se comparer même favorablement au coït lui-même. Il est bien possible qu'on ne la trouve pas aussi satisfaisante que ce dernier mais, surtout pour la femme, elle l'est souvent plus. Après tout, la caresse élaborée comporte, à toutes fins pratiques, les mêmes stimulations que le coït proprement dit.

L'usage exclusif de la caresse pourra parfois être une indication de névrose, comme dans le cas de l'homme qui ressent une crainte irrationnelle devant l'intromission, ou de la femme qui a fait un fétiche de sa virginité, mais ce n'est pas toujours le cas. Pensons à ces personnes pour lesquelles il est *physiologiquement* douloureux de se livrer au coït (excluons ces cas dans lesquels la douleur est causée par une constriction des organes, primordialement d'origine psychologique). Pensons aussi à certains hommes qui sont dotés d'une telle sensibilité physique qu'ils arrivent à l'orgasme très vite après l'intromission, ce qui est profondément désagréable et frustrant pour les deux partenaires. Un tel individu aura avantage à recourir longuement à la caresse, plutôt que de s'introduire hâtivement dans le vagin de sa compagne. Par ailleurs, nombreuses sont les femmes qui trouvent le coït peu stimulant en lui-même, alors que les caresses génitales, particulièrement la stimulation directe du clitoris, leur permettent d'obtenir des orgasmes très réussis.

Dans d'autres circonstances, les caresses érotiques constituent le meilleur moyen d'obtenir une satisfaction érotique sans les inconvénients possibles du coït. Ainsi, s'il s'agit d'éviter une conception malencontreuse, il est souvent bien préférable d'utiliser cette technique que les méthodes plus ou moins sûres ou confortables que constituent les condoms, l'étreinte réservée, le stérilet ou même la pilule, dont les effets à longue échéance sont mal connus et dont l'usage est néfaste pour un certain nombre de femmes. On comprend mal comment une société qui désapprouve l'exercice du coït en dehors du mariage, qui soumet l'avortement à des procédures souvent complexes et pénalise lourdement les parents célibataires, ne favorise pas du même coup l'usage d'une pratique sexuelle agréable et sans aucun inconvénient. Les jeunes gens et les jeunes filles ont en général des désirs sexuels puissants et il vaudrait mieux les engager à perfectionner leur art de la caresse jusqu'à l'orgasme que de la leur représenter comme une abomination, avec le résultat de les encourager ainsi à des coïts prématurés ou à l'usage de contraceptifs inélégants ou possiblement dangereux.

Les relations sexuelles pré-matrimoniales

Compte tenu des réflexions qui précèdent, à la suite desquelles on peut arriver à la conclusion que ni la masturbation, ni les caresses érotiques poussées jusqu'à l'orgasme, ne comportent, dans la plupart des cas, d'inconvénients majeurs, mais au contraire des avantages appréciables, il convient maintenant d'aborder la question des relations sexuelles pré-matrimoniales.

Il est juste de noter d'abord que ces relations, quoiqu'encore désapprouvées par la majorité des gens, le sont tout de même moins vigoureusement qu'il y a une vingtaine d'années. Les condamnations sans appel se sont graduellement transformées en désapprobation pour en arriver, chez beaucoup de gens, à guère plus que des réticences.

Voyons un peu ce qu'on reproche à ces relations pré-matrimoniales.

On souligne parfois qu'elles accroissent la probabilité de contracter une maladie vénérienne. Ce risque est évidemment présent quand les partenaires se comportent comme des imbéciles et font l'amour sans discrimination. Le problème n'est pas apporté par le fait que les relations soient entreprises avant le mariage, mais bien parce que la désapprobation sociale amène de nombreux jeunes à s'engager dans des relations clandestines avec des partenaires inconnus. Quoi qu'il en soit, et comme on ne peut pas s'attendre à ce que notre société prétendûment libérée change du jour au lendemain, ses attitudes quant à la sexualité, il n'en reste pas moins vrai qu'il sera rare qu'un être moyennement intelligent et équilibré contracte une maladie vénérienne ou qu'il en demeure profondément affecté si de fait celà lui arrive, compte tenu des médicaments aujourd'hui disponibles.

On parle de conceptions et de naissances illégitimes, et là aussi le danger existe, mais combien moins depuis le développement des techniques de contraception modernes. Il existe évidemment un grand besoin d'éducation et d'information précise dans ce domaine, et il serait préférable que ce travail soit fait par les parents, s'ils en sont capables, plutôt que d'attendre que l'école, encore trop vulnérable aux pressions de l'opinion publique, puisse parvenir à jouer un rôle valable dans ce domaine.

On prétend que de telles relations amènent le développement de sentiments de culpabilité et d'anxiété. En fait, il n'en est rien puisque les sentiments et émotions sont toujours causés par les *idées* que l'on entretient à leur endroit. Celui qui ne *pense* pas que les relations pré-matrimoniales sont mauvaises, ou interdites, ne ressentira ni culpabilité, ni anxiété.

On déclare que ces relations sont susceptibles d'amener ensuite frigidité ou impuissance dans le mariage. Il en va de cet argument comme de celui que j'ai examiné à propos de la masturbation. Il semble, en fait, y avoir plutôt une relation positive entre l'exercice d'activités sexuelles pré-matrimoniales et la compétence sexuelle matrimoniale ultérieure.

On souligne les dangers d'un engagement émotif trop grand, susceptible, en cas de rupture, de causer des dommages psychologiques. Mais ce danger existe également, même en l'absence de contacts sexuels proprement dits. De toute façon, les désappointements, émotifs ou autres, font partie de l'existence humaine, et le remède ne consiste pas à ne prendre aucun risque pour ainsi les éviter tous, mais bien à apprendre comment ne pas s'effondrer quand ils surviennent. C'est celui qui refuse systématiquement de prendre quelque risque que ce soit qui a le plus de chances de devenir un être névrosé.

N'est-il pas vrai, dit-on, que de telles relations constituent souvent une exploitation d'un partenaire par l'autre? Une telle exploitation est évidemment possible, dans ce domaine comme dans d'autres, et elle est due à la malhonnêteté de l'un des partenaires, habituellement l'homme, qui raconte à sa partenaire qu'il l'aime, qu'il veut l'épouser, et le reste. Cette exploitation est sûrement favorisée par l'atmosphère de clandestinité dans laquelle se déroule souvent la relation. On peut donc conclure que plus les relations pré-matrimoniales pourront se dérouler au grand jour, sans la réprobation sociale qui s'y attache aujourd'hui, plus les probabilités d'exploitation seront réduites. Il serait temps également que les jeunes, d'un sexe comme de l'autre, soient formés dès le jeune âge à considérer les relations sexuelles d'un oeil moins romantique et moins naïf.

Les relations pré-matrimoniales détruisent la vie de famille et mettent le mariage en danger, déclare-t-on. Non seulement n'y a-t-il aucune démonstration scientifique de cette assertion, mais encore, si elle était vraie, on comprendrait mal comment la vie familiale a pu survivre jusqu'à nos jours, puisque de tout temps, les jeunes hommes se sont abondamment livrés à de telles activités, les jeunes femmes en étant par ailleurs souvent empêchées par la rigueur des codes moraux et sociaux de leur milieu. On passait l'éponge sur les frasques du jeune homme, mais la jeune fille coupable de fornication était conduite au couvent, quand elle n'était pas brûlée ou lapidée! Ce sont les hommes qui font les lois!

"C'est le sexe sans amour", s'écrie-t-on. Une autre ânerie. Reprochera-t-on à Abélard et Héloïse de ne s'être pas aimés? Et par ailleurs, combien d'hommes et de femmes dûment mariés ne copulent-ils pas pendant des années alors que tout amour a disparu entre eux? Enfin, comme je l'ai déjà mentionné, l'exercice de la sexualité, s'il coïncide souvent avec un type ou l'autre d'amour, n'a pas besoin d'être justifié par ce dernier et on ne voit pas pourquoi il serait illégitime de s'y engager uniquement pour le plaisir qu'on y trouve. Après tout, on n'exige pas de quelqu'un qu'il soit un admirateur inconditionnel de Mao Tsê-Tung pour se permettre d'avaler un chow-mein, ni d'être un communiste convaincu pour fumer un cigare cubain!

On prétend souvent que les gens qui se livrent à des activités prématrimoniales ne respectent pas les convictions de leurs partenaires. A moins de viol plus ou moins direct, cette prétention est inexacte. Il se peut bien que l'un des partenaires réussisse à convaincre l'autre de modifier ses convictions antérieures, mais on ne voit pas pourquoi cela serait plus illégitime en matière de sexualité qu'en matière de politique, de religion ou de gastronomie!

On dira que les partenaires retirent tous les plaisirs du sexe, sans porter aucune des responsabilités du mariage. C'est exact, mais pourquoi ne le feraient-ils pas, si c'est cela qu'ils veulent et qu'ainsi ils ne causent de dommage à personne? Après tout, les personnes qui s'aiment sans relations sexuelles, qui font du sport ensemble ou vont ensemble au concert, retirent aussi du plaisir de ces activités, sans assumer aucune des responsabilités du mariage. On sent, sous la surface, la mentalité encore très répandue que tout plaisir doit être payé de quelque sacrifice et que le plaisir, sans sa contrepartie d'ennuis et de responsabilités, est au moins suspect, si ce n'est carrément vicieux.

La fornication mène à l'adultère ensuite. Peut-être, mais on ne peut pas vraiment en être certain. On ne peut pas non plus être vraiment certain que, dans tous les cas, l'adultère détruit le mariage et il y a même certains éléments qui tendent à démontrer que, dans certains cas, l'adultère peut contribuer à sauver un mariage et à le stabiliser plutôt qu'à le détruire.

On affirme enfin que les aventures amoureuses pré-matrimoniales sont souvent à ce point agréables et comblantes que le mariage ne peut qu'en souffrir en comparaison et, qu'en conséquence, les fornicateurs sont promis à des mariages malheureux et cahoteux.

Cela est peut-être vrai parfois, mais imaginons ce qu'il en serait si, au lieu d'*expérimenter* des relations sexuelles pré-matrimoniales, les jeunes qui s'y sont engagés les avaient *imaginées*. N'auraient-ils pas eu tendance à les imaginer encore plus mirobolantes et magnifiques qu'elles ne le sont en réalité et, en conséquence, le mariage ne s'en serait-il pas trouvé encore plus désavantagé par comparaison? Pour beaucoup de gens, le mariage apparaît, au contraire, comme une solution tolérable parce qu'ils ont, en fait, expérimenté les limites des relations pré-nuptiales. On parlait autrefois de la nécessité pour un jeune homme de jeter sa gourme avant de s'engager dans la relation plus stable et plus prolongée du mariage et on ne voit pas pourquoi ce qui était autrefois sagesse serait aujourd'hui devenu folie!

Il ne semble donc pas que les dangers ou les désavantages des relations pré-matrimoniales soient aussi grands qu'on ait bien voulu le faire croire. Bien plus, de telles relations comportent des avantages qu'il est maintenant opportun de souligner.

Mentionnons d'abord l'expérience sexuelle qu'apportent de telles relations. L'être humain ne vient pas au monde en sachant instinctivement comment réaliser l'union sexuelle. D'autre part, ceux qui pourraient le renseigner sur le sujet: parents, éducateurs, médecins, ne le font habituellement pas ou le font très mal, se confinant souvent à l'énoncé de vagues généralités ou à une série de mises en garde.

Il n'est évidemment pas souhaitable que le jeune homme et la jeune fille arrivent au mariage dans un état d'ignorance presque totale sur un de ses aspects fondamentaux. Le début d'une vie en commun suppose déjà assez d'ajustements, de frictions, de nouvelles habitudes à acquérir et d'anciennes à perdre, sans qu'on y ajoute la nécessité d'un apprentissage sexuel.

Les relations pré-matrimoniales permettent donc aux jeunes gens de faire graduellement l'apprentissage des mécanismes physiques et psychologiques de la relation sexuelle et constituent à ce titre un excellent laboratoire.

On peut aussi faire remarquer que de telles relations permettent souvent aux jeunes hommes et femmes d'opérer un choix plus judicieux de partenaire matrimonial. Comme, en général, les gens se marient peu souvent et pour longtemps en principe, on ne peut qu'encourager une procédure qui permet de faire des choix plus éclairés dans ce domaine. Tout choix intelligent suppose la connaissance la plus précise possible de deux séries d'informations: une première série portant sur les options disponibles et une deuxième série portant sur la personne même qui choisit. Quand Jean-Pierre cherche à choisir une partenaire sexuelle et émotive, il lui faut connaître au moins un certain nombre de partenaires disponibles et il lui faut aussi se connaître lui-même sur le plan des relations sexuelles et émotives.

On ne voit pas comment il parviendra à connaître ces deux séries d'informations, conditions indispensables d'un choix intelligent, sans s'engager dans une variété d'expériences pré-matrimoniales.

J'ajoute que la personne qui s'engage dans des relations pré-matrimoniales est souvent bien plus capable d'attendre, pour se marier, que ses conditions économiques, professionnelles et psychologiques soient à point, alors que celle qui s'en abstient est souvent portée à s'engager à la légère dans un mariage voué à l'échec à cause d'un désir conscient ou inconscient de satisfaire ses tendances sexuelles.

Il semblerait surtout important pour la jeune fille de participer à des relations pré-matrimoniales. Notre culture continue encore absurdement à tolérer les aventures sexuelles de l'homme, mais à exiger de la jeune fille qu'elle soit au moins physiquement vierge, lors de son mariage. Des relations pré-matrimoniales également partagées par les deux sexes contribueraient à affaiblir cette tendance et à mettre tout le monde sur le même pied.

On pourrait énumérer encore d'autres avantages des relations pré-matrimoniales: diminution de la prostitution, diminution du danger des maladies vénériennes, des grossesses non désirées, des avortements, diminution de l'homosexualité et des pratiques sexuelles aberrantes.

Cette liste d'avantages n'amène pas à conclure que les relations pré-matrimoniales soient opportunes et encore moins nécessaires pour tout le monde en tout temps.

Certaines jeunes filles décideront, et c'est bien leur droit, de les éviter à cause du risque, même réduit, de devenir enceintes. D'autres jeunes gens constateront qu'ils s'impliquent émotivement si profondément dans ces activités que cette implication vient nuire à la réalisation de certains autres de leurs projets comme, par exemple, la poursuite de leurs études ou de leur formation professionnelle. Certains autres seront placés dans des circonstances sociales telles que l'engagement dans des relations pré-matrimoniales serait susceptible de leur apporter plus d'inconvénients que d'avantages.

On ne prétendra donc pas que de telles relations soient indispensables ou obligatoires, mais bien qu'elles *peuvent* souvent être utiles et recommandables.

Arrivons-en maintenant à la considération de l'activité sexuelle à l'intérieur même du mariage. Comme ce livre n'est après tout pas un traité de sexologie et qu'il existe bon nombre d'excellents volumes sur le sujet, je me bornerai à l'examen de certains points majeurs: l'impuissance chez l'homme, la frigidité chez la femme, les désirs et les actes adultères.

L'impuissance

On peut définir l'impuissance comme l'incapacité relative d'un homme d'arriver à l'érection ou le fait, pour lui, de perdre rapidement cette érection quand il l'a atteinte, soit par une éjaculation presque immédiate, soit par sa disparition sans éjaculation. Ce trouble est beaucoup plus répandu qu'on ne pourrait le croire; comme il est considéré par la plupart des hommes comme un mal affreux et honteux, ce n'est pas le genre de choses qu'ils ont tendance à confier le plus aisément à d'autres personnes. Tout au contraire, dans ce domaine, les mâles préfèrent projeter l'image d'amoureux puissants, toujours prêts à entrer en érection et capables de la maintenir pendant des heures. Les confidences que reçoit le thérapeute lui permettent de constater que ce tableau correspond plus à la légende qu'à la réalité.

Bien qu'il existe des causes physiologiques de l'impuissance, comme l'hérédité, la déficience hormonale, les troubles du système nerveux, l'abus de l'alcool et des drogues et diverses maladies organiques, elles ne contribuent que partiellement et faiblement à expliquer l'ampleur du phénomène. Il semble que, dans la grande majorité des cas, on ne puisse identifier aucune cause physique et que les problèmes psychologiques soient à l'origine de l'impuissance.

On trouve souvent chez l'impuissant un passé d'éducation puritaine et étroite dans le domaine de la sexualité. Je passe mon temps à entendre des hommes (et des femmes) me raconter comment on ne parlait jamais de sexualité à la maison, comment leurs parents ne se témoignaient jamais publiquement leur affection, non seulement physiquement, mais même verbalement! Ce sont ces gens qui ne s'embrassaient qu'au Jour de l'An, et encore. Si l'impuissant, comme c'est souvent le cas dans notre milieu, a fréquenté des institutions d'enseignement dirigées par des religieux, il a ordinairement entendu plus que sa part d'exhortations à la chasteté, de mises en garde contre le péché "d'impureté" et de descriptions saisissantes des tourments infernaux réservés aux masturbateurs.

guère facile à réaliser, mais il lui faudra de plus, s'il veut s'en sortir, apprendre à les contredire vigoureusement par des confrontations répétées et énergiques.

En même temps, il aura avantage à se rendre compte de sa tendance à "catastropher" son impuissance et à s'en blâmer; qu'il en vienne peu à peu à se convaincre que même une série d'échecs dans ce domaine n'est pas une chose horrible, affreuse et intolérable, mais bien une chose très ennuyeuse; qu'il n'y a rien d'anormal, ni d'étrange, compte tenu de l'éducation qu'il a reçue, à ce qu'il ait initialement éprouvé de la difficulté à réussir une tâche aussi complexe et délicate qu'une relation sexuelle satisfaisante; que ses échecs, dans ce domaine ou dans tout autre, ne sont que des échecs et ne sont en aucune manière des indications de sa non-valeur personnelle.

Pendant qu'il poursuit ce travail d'épuration de sa pensée, l'impuissant aura avantage à apprendre et à s'exercer à satisfaire les désirs sexuels de sa partenaire, même sans intromission. Il y a, après tout, de nombreux moyens de favoriser l'orgasme chez une femme, sans pour autant parvenir à une érection convenable. Ceci fera disparaître une autre cause de tension, amenée par les idées qu'entretient l'impuissant à propos de son incapacité d'être un partenaire sexuel efficace.

L'impuissance est bien rarement un problème isolé se manifestant chez un homme d'une personnalité par ailleurs affirmée. Au contraire, il s'agit en général d'un symptôme d'une mentalité infériorisée, d'une tendance à se juger et à s'apprécier négativement, à propos d'une variété de situations. Ainsi, il se peut bien qu'un homme soit impuissant parce qu'il déteste consciemment ou inconsciemment sa femme, parce qu'il a peur d'être dominé par elle, parce qu'il la considère comme sa mère plutôt que sa femme. Il peut bien être conditionné par les inhibitions et la pruderie de son épouse, avoir des tendances homosexuelles plus ou moins marquées et conscientes, se sentir coupable ou porter les restes d'un complexe d'Oedipe l'amenant à craindre inconsciemment d'être castré s'il a un rapport sexuel.

Mais, dans tous ces cas, on retrouve au fond la tendance de l'être humain à prendre trop au sérieux l'opinion des autres, à s'empêcher de faire ce qu'il désire vraiment, à concéder trop facilement que les autres ont raison, à s'évaluer lui-même sous une forme ou une autre.

C'est pour cette raison que l'impuissant aura moins de chance de se délivrer de son état s'il ne consent pas à faire un sérieux inventaire de ses attitudes apprises envers les autres et lui-même et s'il ne se résout pas à se mettre au travail pour changer les idées qui causent non seulement son impuissance, mais qui viennent affecter l'ensemble du fonctionnement de sa personnalité.

On peut déduire de ce qui précède que l'impuissance sexuelle est souvent paradoxalement un bien, en ce sens qu'elle peut amener un individu à chercher de l'aide et qu'ainsi, à cette occasion, il pourra avoir la chance de mettre de l'ordre dans l'ensemble de sa démarche vitale. Il m'est arrivé de nombreuses fois de commencer une relation thérapeutique avec un homme se plaignant d'impuissance pour arriver bientôt à travailler avec cette personne à un changement plus fondamental et plus durable des conditions sous-jacentes à son état.

Je me souviens d'un jeune homme, récemment marié, qui est venu me consulter, il y a quelques années, en se plaignant de ne plus ressentir d'attrait sexuel marqué pour sa jeune épouse, alors qu'avant le mariage il faisait preuve d'une capacité sexuelle très adéquate. Au cours de nos conversations, nous en sommes rapidement arrivés à découvrir la cause de ce phénomène plutôt intrigant. Il se passait tout bonnement ceci que ce jeune homme transportait depuis des années des sentiments d'incapacité et d'incompétence généralisés, qui ne s'étaient guère manifestés pendant toute la période où il courtisait sa future, celle-ci ayant adopté une attitude conciliante et soumise à ce moment.

Après le mariage, l'attitude de la jeune épouse commença rapidement à changer et elle apparut bien vite, aux yeux de son mari, comme une rivale contre laquelle il se sentit de plus en plus impuissant. Il avait bien essayé de l'éblouir en s'engageant dans des activités comme le saut en parachute, mais quel désarroi chez lui quand son épouse se mit également à pratiquer ce sport avec succès. Tous ses sentiments d'infériorité, mis en veilleuse pendant les fréquentations, alors qu'il avait l'impression d'initier sa fiancée et de la dominer solidement, remontèrent à la surface. Comme sa femme était particulièrement éveillée sur le plan érotique, il retrouvait en elle, même dans ce domaine, une compétition à laquelle ses sentiments d'infériorité ne lui permettaient pas de faire face.

La psychothérapie, que ce jeune homme entreprit alors, lui permit éventuellement, non seulement de retrouver sa capacité sexuelle avec son épouse, mais aussi, et de façon encore plus importante et fondamentale, de se défaire des sentiments d'impuissance qui ne le gênaient pas seulement en amour, mais aussi dans bien d'autres domaines, notamment dans l'exercice de sa profession.

Résumons ce qui précède en disant que l'impuissance est souvent un symptôme d'une condition névrotique sous-jacente et que c'est à cette condition névrotique générale qu'il importe de s'attaquer plutôt qu'à sa manifestation sexuelle. L'impuissance sexuelle n'est, la plupart du temps, qu'une manifestation plus évidemment discernable des sentiments d'infériorité et d'incapacité qui affectent l'impuissant.

La frigidité

La frigidité désigne primordialement la difficulté ou l'incapacité pour la femme d'atteindre à l'orgasme. La discussion de cet état a été et est encore embarrassée par un mythe élaboré en grande partie par les premiers freudiens, celui de la supériorité de l'orgasme "vaginal" par rapport à l'orgasme "clitoridien". On a prétendu, et certains le font encore, que seul l'orgasme obtenu par la femme à l'occasion de l'intromission était "valable" alors que des orgasmes obtenus d'autres manières, notamment par la stimulation directe du clitoris, étaient chez elle une indication d'immaturité sexuelle. (Sadock, Kaplan & Freedman, 1976, p 2.) En fait, il s'agit là d'un pur mythe et il n'existe pas de raison de distinguer un orgasme de l'autre quant à la manière dont il est obtenu, et il est abusif de déclarer qu'une femme est frigide parce qu'elle obtient ses orgasmes davantage par la stimulation du clitoris que par la stimulation vaginale. Cela apparaîtra encore plus clairement si on se souvient que le vagin n'est pas, chez la plupart des femmes, un organe particulièrement sensible, sauf pour ses tous premiers centimètres. Au contraire, le clitoris et la région qui l'entoure sont, dans la plupart des cas, très sensibles et générateurs de sensations sexuelles intenses.

La frigidité chez la femme est parfois, quoique rarement semble-t-il, d'origine organique. Il serait pour le moins exagéré de conclure que toute frigidité est d'origine psychologique, même si cela est souvent le cas, et la première démarche pour une femme frigide consistera à se soumettre à un examen médical soigné et complet qui permettra d'élucider les causes physiques possibles de cet état.

Une deuxième cause de frigidité chez la femme se trouve fréquemment dans les problèmes interpersonnels qu'elle rencontre avec son partenaire. Alors que cette cause semble jouer moins souvent dans le cas de l'impuissance masculine, on la rencontre très souvent chez la femme frigide. Ainsi, la femme qui croit qu'elle n'aime plus son mari ou qui croit que celui-ci ne l'aime plus, qui se sent hostile et agressive envers lui à la suite de certains actes qu'il a posés ou qu'elle pense qu'il a posés, qui méprise son partenaire pour quelque raison, éprouvera souvent de la difficulté ou même une incapacité de parvenir à l'orgasme en contact avec lui.

En troisième lieu, la frigidité peut être due à d'autres problèmes psychologiques plus personnels à la femme. Ainsi, elle peut avoir été élevée de façon à ressentir beaucoup de culpabilité à propos de toute activité sexuelle, même dans le mariage. Elle peut être plus ou moins consciemment effrayée à l'idée de devenir enceinte. Des tendances homosexuelles plus ou moins affirmées peuvent venir bloquer son intérêt pour les relations hétérosexuelles. Elle peut éprouver un attachement inconscient, mais puissant, pour son père ou d'autres figures paternelles qui viennent générer assez de tension et de culpabilité lors du coït pour en bloquer la réalisation dans l'orgasme. Enfin, elle peut être à ce point névrosée ou même psychosée qu'il lui soit impossible de centrer suffisamment son attention sur le processus génital et d'arriver à la coordination motrice qui lui permet d'obtenir l'orgasme.

L'une des causes les plus fréquentes, quoique le plus souvent oubliée ou inconnue par les femmes, réside dans le fait que nombre d'entre elles n'ont jamais découvert le rôle primordial que peut jouer l'imagination dans la production de l'orgasme. La réaction sexuelle, dans de nombreux cas, n'est pas d'abord l'effet de la stimulation des organes génitaux et des zones érogènes secondaires, mais bien plutôt le résultat d'une utilisation intelligente et appropriée de l'imagination. L'organe sexuel principal de la femme, tout comme de l'homme, ne se trouve pas au niveau du bas-ventre, mais bien au-dessus des épaules! Malheureusement, ce fait est encore profondément négligé par les spécialistes de la question et nombreux sont les manuels d'initiation sexuelle qui n'en font pas même mention. Il semble hors de doute que les fantaisies sexuelles jouent un rôle prépondérant dans la production de l'orgasme, ainsi que l'indiquent, par exemple, les recherches de la psychologue Barbara Hariton (1973).

Dans une recherche effectuée en 1971 auprès d'un groupe de femmes américaines dont la plupart étaient des mères de famille tout-à-fait classiques et "respectables", elle a découvert que soixante-cinq pour cent de ses sujets se livraient régulièrement à la fantaisie érotique pendant le contact sexuel et que parmi les autres, près de trente pour cent s'y abandonnaient occasionnellement. Voilà un total assez impressionnant.

D'autre part, Barbara Hariton a également établi une relation positive entre la quantité et la qualité des imaginations érotiques et la facilité des femmes à obtenir l'orgasme. A la suite de nombreuses entrevues avec les femmes qui constituaient son échantillon de recherche, elle est parvenue à dresser une liste des fantaisies les plus souvent employées par ces femmes pour augmenter leur plaisir sexuel et parvenir plus facilement à l'orgasme. Les femmes qui lisent ce livre reconnaîtront probablement l'une ou l'autre de leurs fantaisies favorites dans cette liste.

1. Je pense à un amant imaginaire.

2. Je m'imagine que je suis terrassée et forcée de me livrer sexuellement.

3. Je m'imagine avec plaisir que je pose un acte méchant et défendu.

4. Je m'imagine être dans un endroit inhabituel, comme dans une voiture, un motel, à la plage, dans les bois.

5. Je revis une expérience sexuelle passée.

6. Je m'imagine que je fais les délices de nombreux hommes.

7. Je m'imagine être en train de regarder d'autres personnes faire l'amour.

8. Je m'imagine être une femme irrésistiblement séduisante.

9. Je m'imagine que je me débats et que je résiste avant d'être contrainte de me rendre.

10. Je m'imagine que je suis en contact sexuel avec plusieurs hommes à la fois.

Il semble donc bien clair que de nombreuses femmes, et sans doute aussi beaucoup d'hommes, entretiennent de telles fantaisies érotiques et que ces fantaisies sont pour elles, comme pour eux, un moyen absolument inoffensif en même temps que très efficace de parvenir à un plaisir sexuel accru. Il est malheureux qu'une malencontreuse pudeur empêche bien des gens de reconnaître ce fait et qu'ainsi ils se privent ou ignorent une démarche qui pourrait considérablement agrémenter leur vie sexuelle.

Il est évidemment beaucoup plus difficile, pour ne pas dire impossible, pour une femme de parvenir à l'orgasme si son esprit est occupé de pensées diverses non érotiques ou, pis encore, de pensées engendrant anxiété ou culpabilité. Comment une femme qui pense aux tracas du ménage, aux mauvaises notes du petit à l'école, à la prochaine visite de ses parents ou à la possibilité que son mari perde son emploi arriverait-elle à l'orgasme? Et encore moins si elle passe son temps pendant le contact sexuel à se répéter qu'elle n'arrivera pas à l'orgasme, qu'elle n'est qu'une bonne à rien, une amante incompétente, et que tout cela est bien tragique. Comme un homme n'arrivera pas à se donner et à maintenir une érection en pensant à son rapport d'impôt ou aux difficultés qu'il rencontre dans son travail, la femme ne parviendra pas non plus à l'orgasme sans occuper son esprit de pensées primordialement érotiques. Voilà une chose qu'on n'enseigne pas à l'école et qui, pourtant, serait au moins aussi utile que la géographie ou la littérature!

Ainsi donc, que la femme s'imagine qu'elle se trouve au coeur de l'Afrique, contrainte de satisfaire les élans sexuels de toute une tribu d'anthropophages, qu'elle se voit comme la concubine d'un scheik du désert, ou qu'elle se représente dans les bras de Marlon Brando, peu importe, tant que ces inoffensives fantaisies l'amènent à un plaisir sexuel accru. (Goleman & Bush, 1977)

Comme je l'ai déjà mentionné à propos de l'impuissance masculine, l'un des meilleurs moyens de ne *pas* parvenir à l'orgasme consistera à l'*exiger* plutôt qu'à le *désirer*. Aussitôt qu'une femme se met à croire qu'il lui *faut* absolument être une amante extraordinaire, dotée d'une capacité orgasmique exceptionnelle, et qu'elle se met à se dire combien ce serait terrible pour elle de ne pas arriver à l'orgasme et quelle loque elle sera si elle n'y parvient pas, l'anxiété engendrée par ce genre de pensées viendra, la plupart du temps, l'empêcher d'atteindre son objectif. Au contraire, quand un être humain se borne à *désirer* et à *préférer,* sans *exiger,* la perspective de la non-obtention de l'objet du désir n'engendre pas d'anxiété, mais seulement de l'ennui, du désappointement. Dans une telle situation, il est alors possible à une personne de concentrer ses efforts, sans anxiété, sur l'objectif à atteindre, plutôt que de disperser son énergie à se rendre inutilement anxieuse et troublée. C'est par le travail et l'exercice dans une atmosphère non anxieuse qu'on parvient à réaliser des actes aussi complexes que de jouer du piano, écrire un livre ou arriver à l'orgasme.

En plus de cette démarche psychologique de détente et de l'usage judicieux de l'imagination, il existe bon nombre de techniques directement stimulantes dont le lecteur intéressé trouvera facilement la description dans n'importe quel bon manuel. (Kaplan, 1975)

Enfin, comme pour l'homme, l'incapacité de la femme de parvenir à l'orgasme est souvent reliée chez elle à des troubles de la personnalité plus généralisés. Beaucoup de femmes ont appris par leur éducation à être plus passives et soumises qu'actives, en amour et dans tout le reste. Comme l'orgasme est un geste positivement actif, demandant une implication personnelle et non seulement une réactivité au partenaire, la femme généralement passive y sera moins apte que sa compagne plus décidée, plus énergique, qui ne fait pas qu'*attendre* que son mari la fasse jouir, mais qui poursuit elle-même activement cette jouissance pour son propre compte. Les organes sexuels de la femme ne sont pas un pur réceptacle du membre viril; il ne s'agit pas d'enfoncer une cheville dans un trou, mais il s'agit bien plus d'une démarche où les deux partenaires sont également actifs. Ce n'est pas seulement l'homme qui "prend" la femme, mais elle aussi qui "prend" l'homme, tout comme dans le cas d'une poignée de main entre deux partenaires égaux. La véritable cure de la frigidité passera donc souvent par une démarche de restructuration de la personnalité de la femme, par un accroissement de sa capacité de s'affirmer et de se faire confiance à elle-même.

L'adultère

Malgré les progrès qu'elle a accompli dans de nombreux domaines, la société dans laquelle nous vivons continue à condamner vigoureusement l'adultère. La plupart des codes civils des pays occidentaux le reconnaissent comme un motif entièrement suffisant de divorce et dans d'autres cultures, la femme adultère au moins est sujette à des peines qui peuvent aller jusqu'à la mort (le mari, lui, s'en tire avec une amende ou même sans aucune pénalité!)

Bon nombre des conditions qui rendaient jadis l'adultère très hasardeux sont aujourd'hui disparues ou amoindries. Ainsi, le risque de grossesse non désirée est presque complètement disparu; l'anxiété et la culpabilité morbide autrefois rattachées à cet acte ont aussi disparu pour bon nombre d'hommes et de femmes qui ne le considèrent plus comme intrinsèquement mauvais.

Par ailleurs, il n'est pas faux d'affirmer que dans certaines circonstances, tout comme je l'ai expliqué à propos des relations prématrimoniales, les relations extra-matrimoniales comportent de nombreux avantages et qu'elles peuvent même contribuer à préserver et à consolider un mariage plutôt qu'à le détruire. Ce sera notamment le cas dans ces situations où le partenaire matrimonial, pour quelque raison, n'est pas temporairement disponible ou compétent sur le plan de la relation sexuelle.

En concluerons-nous donc que l'adultère est toujours une excellente affaire et qu'il convient pour tout homme et toute femme intelligent de s'y engager sans arrière-pensée? Il ne me semble pas, malheureusement, que les choses soient aussi simples.

A cause de l'éducation que presque tous les membres de notre société ont reçue et qui les a persuadés profondément que l'adultère était un signe de rejet et de non-amour du partenaire matrimonial, même si de fait il n'en est souvent rien, la pratique de l'adultère, dans ces conditions, risque d'endommager la relation matrimoniale et il vaudra mieux, la plupart du temps, pour la plupart des gens, s'en abstenir. Il serait sans doute préférable que les maris et les femmes soient persuadés qu'ils peuvent continuer à vivre dans la paix, l'harmonie et un authentique amour tout en se permettant à l'occasion des aventures extra-matrimoniales, mais une telle convention demeure encore très exceptionnelle, même chez les tenants du mariage "open".

Il y a quelques années, je rencontrai un homme qui m'expliqua que, bien qu'heureusement marié et père de deux enfants, il était intéressé à étendre son expérience érotique et à explorer les facettes des relations génitales et psychologiques avec plusieurs femmes. Cet individu n'était pas névrosé, il n'était pas non plus un satyre aux yeux protubérants. Il avait expliqué la situation à son épouse et, comme il fallait s'y attendre, cette dernière avait réagi très négativement à cette proposition, finissant par lui donner le choix entre la porte ou l'exclusivité sexuelle totale. Dans ces conditions, mon consultant choisit, sagement je crois, d'abandonner son plan de culture érotique parce que sa réalisation lui aurait causé finalement trop de désavantages. Le jeu n'en valait pas la chandelle et c'était une de ces situations où le mieux est l'ennemi du bien.

Comme l'adultère est encore inadmissible pour la plupart des époux, ceux qui s'y engagent sont ordinairement amenés à le faire d'une manière secrète et clandestine; cette clandestinité, en plus d'être source de nombreux tracas, amène la nécessité de la dissimulation et du mensonge, et ces dernières attitudes, plus que l'adultère lui-même, sont susceptibles d'endommager la relation matrimoniale. Evidemment, si le mariage est déjà en mauvais état, il se peut bien que le conjoint adultère n'ait rien à perdre, mais il sera également vrai de dire que, dans ces conditions, ce n'est pas l'adultère qui viendra améliorer la situation matrimoniale.

On peut donc conclure que la démarche adultère, ou plutôt les manoeuvres qu'elle implique, compte tenu de la mentalité de la plupart des époux dans notre société, apparaît comme une démarche potentiellement plus désavantageuse qu'utile.

Ce n'est donc pas que l'adultère soit un crime condamnable ou que, par lui-même, il détruise nécessairement le mariage, c'est tout simplement qu'il n'est pas très pratique dans la plupart des cas, dans une société comme la nôtre.

Qu'on ne se hâte donc ni de louer ni de condamner une pratique qui peut être profitable pour certains, même si elle ne l'est pas pour la plupart des gens.

Cette dernière considération m'amène maintenant à réfléchir avec vous sur le sujet des relations sexuelles "sans amour".

On fera remarquer que de telles relations impliquent souvent l'exploitation et la duperie d'un partenaire trop naïf ou trop jeune. Je suis d'accord que de telles relations sont souvent destructives et nuisibles, mais ce qui les rend telles, ce n'est pas l'absence d'amour, mais bien la tromperie ou la violence qui les affectent parfois. Il n'en est pas ainsi quand ces relations se déroulent entre des adultes éclairés qui se rencontrent dans le but d'exploiter l'un avec l'autre les possibilités de plaisir de leur équipement sexuel. En arrière du malaise ressenti par beaucoup de gens à propos de l'exercice de la sexualité hors du contexte amoureux, on retrouve le même vieux malaise de la civilisation occidentale envers le plaisir, et très particulièrement le plaisir sexuel. Quoique souvent ils le nient, beaucoup de gens croient encore inconsciemment, comme leur éducation le leur a appris dès le berceau, qu'il est interdit de rechercher le plaisir pour lui-même et que le plaisir ne devient légitime que quand il est justifié par une nécessité biologique ou sociale. A les entendre, l'être humain est rempli de "besoins" qu'il lui "faut" satisfaire et qui viennent excuser ce plaisir que, voyez-vous, il faut bien accepter puisqu'il est inséparable de la satisfaction de ces "besoins". Plutôt qu'admettre carrément et franchement qu'ils *désirent* ressentir du plaisir, nombre de personnes assurent au contraire leur thérapeute que ce n'est pas tant qu'elles *veulent* telle chose, comme le plaisir sexuel, mais qu'elles sont ainsi faites qu'elles ne peuvent pas s'en passer. Cette transformation des désirs en besoins et des préférences en exigences constitue l'une des démarches les plus destructives de *tout* amour.

Chapitre 7

Amour et communication

Nous vivons au siècle de la communication. Presque n'importe quel évènement se passant en quelque point de la planète peut être connu partout en quelques heures, ou même en quelques secondes. Les sondes spatiales nous envoient des renseignements sur les autres planètes de notre système et n'importe qui peut décrocher son téléphone et parler à qui il veut presque partout au monde.

Malgré ces progrès techniques, nous en sommes, me semble-t-il, encore à l'âge des cavernes en ce qui concerne la communication interpersonnelle avec des gens qui sont assis à quelques pouces de nous. Il est plus facile pour bien des femmes et bien des maris de communiquer avec un habitant de Tombouctou que de le faire efficacement avec leur conjoint à l'autre bout du salon. Pourtant, de cette mauvaise communication surgissent un nombre considérable de problèmes qui viennent embarrasser la relation des amoureux et des conjoints.

Un vieux dicton dit que "le silence est d'or" mais, comme bien des dictons, il n'a jamais été plus faux que quand on l'applique à une relation amoureuse ou matrimoniale. Voilà vraiment un endroit où le silence peut être désastreux. La relation amoureuse n'est en aucune manière un endroit où il faut se taire, du moins dans la plupart des cas.

Considérez l'exemple suivant:

Monsieur Dupont revient de son travail, fatigué et désappointé à la suite d'un échec qui, croit-il, l'infériorise. A ses salutations, Mme Dupont répond par des monosyllabes, tout en continuant à préparer le souper. Frustré, M. Dupont reproche à Mme Dupont quelque banalité, comme d'avoir oublié d'envoyer son complet chez le teinturier. Silence de Mme Dupont. De plus en plus frustré, M. Dupont se lance dans une tirade sur les incapacités de sa femme en général: il lui reproche de mal cuisiner, d'éduquer les enfants de travers, de passer trop de temps à téléphoner à sa mère et de trop dépenser d'argent pour la nourriture. Mme Dupont persiste dans son silence total. Plus M. Dupont crie et s'échauffe, plus Mme Dupont semble silencieuse. M. Dupont sort en claquant la porte. Mme Dupont pousse un soupir de commisération.

Si Mme Dupont raconte cette scène à une amie ou à un thérapeute, il se peut bien qu'elle prétende alors qu'elle demeure silencieuse pour éviter de mettre de l'huile sur le feu et qu'il ne sert à rien de discuter avec son mari puisqu'il ne veut rien entendre. Cependant, il est à peu près certain que son silence est en fait l'expression tacite d'une forte dose d'hostilité envers son conjoint et il est très probable qu'il y aurait avantage pour Mme Dupont à exprimer cette hostilité, toute irrationnelle qu'elle puisse être, plutôt que de se cantonner dans un silence qui donne l'occasion à M. Dupont de sortir de ses gonds. Même si l'expression des sentiments peut souvent être violente, elle semble presque toujours préférable, pour l'ensemble de la relation, à un silence généralisé. Même si la réaction de M. Dupont au silence de sa femme est irrationnelle, puisque finalement il lui reproche d'agir d'une manière qui est tout à fait légitime, il n'en reste pas moins que, compte tenu du fait que nous sommes tous plus ou moins irréalistes dans bon nombre de nos réactions, le silence de Mme Dupont constitue également une démarche peu réaliste, puisqu'elle ne tient pas suffisamment compte de l'irréalisme de M. Dupont! C'est là d'ailleurs un phénomène que j'observe souvent dans ma pratique professionnelle. C'est faire preuve soi-même d'un manque de réalisme que de reprocher à un autre son irréalisme, tout comme il est peu réaliste d'offrir à un autre des occasions d'avoir telle ou telle réaction alors qu'on est moralement certain qu'il va sauter justement sur ces occasions. Tout irait bien, et cette attitude pourrait être défendable si tout le monde était parfaitement rationnel et réaliste, mais il serait bien peu réaliste de le prétendre.

On en concluera donc que, dans la plupart des cas, à l'intérieur d'une relation amoureuse ou matrimoniale, l'expression honnête et franche des sentiments est préférable au mutisme.

Les caractéristiques de base d'une bonne communication interpersonnelle sont désormais assez bien connues, mais il ne sera pas inutile de les rappeler ici.

En tête de liste vient cette habilité à saisir et à comprendre le sens personnel et émotif des communications de l'autre qu'on appelle *empathie.* L'erreur dans laquelle tombent presque toujours des personnes qui essayent de communiquer l'une avec l'autre consiste à assumer trop rapidement qu'elles comprennent bien ce que l'autre a voulu dire. Or la plupart d'entre nous nous exprimons de façon vague et ambigüe à des auditeurs qui ne nous écoutent que d'une oreille. Le modèle le plus courant de la communication interpersonnelle pourrait, avec un peu de cynisme, se résumer dans la formule suivante: Celui qui parle ne sait pas ce qu'il dit et l'autre n'écoute pas. Même si l'expérience nous démontre que la plupart d'entre nous ne comprenons qu'une faible partie de ce qui nous est dit et que nous déformons le reste ou ne l'entendons même pas, la plupart d'entre nous continuons à assumer que nous comprenons tout du premier coup et qu'il est inutilement fatigant de nous astreindre à vérifier l'exactitude de notre supposée compréhension. Ceci vaut même quand il s'agit de contenus objectifs, et combien plus quand la communication porte sur des éléments personnels émotifs. Considérez le dialogue suivant:

garde soigneusement de les accepter ou de se formuler à leur occasion des interprétations qui, elles, causent ses émotions, il faut bien reconnaître qu'elles constituent des occasions de choix pour un être humain moyen de s'irriter lui-même et de servir les mêmes occasions à son interlocuteur, qui, à son tour, n'est que trop susceptible de les saisir pour se mettre lui-même en fureur, et ainsi de suite.

En plus d'être irréalistes et déraisonnables, les injures, les insultes et les reproches constituent donc des occasions privilégiées de dispute et, à ces deux titres, il vaudra mieux les éviter le plus complètement possible. Par ailleurs, une attitude même profondément respectueuse ne se confond pas avec l'accord, l'approbation ou la faiblesse. Il demeure heureux pour chacun des partenaires d'exprimer ses émotions et ses idées avec force et conviction, quand cela lui semble approprié. L'affirmation de soi n'est pas à confondre avec l'hostilité dont elle est en fait presque complètement l'inverse. L'affirmation de soi est basée sur l'assurance personnelle, le respect de soi-même et la conception de l'autre comme un interlocuteur valable, alors que l'hostilité n'est que le sous-produit de la peur, de l'insécurité personnelle et du mépris de soi et de l'autre.

Les nombreuses entrevues que j'ai eues avec des couples "en difficulté" m'ont appris que, très souvent, les *deux* partenaires s'exprimaient primordialement sur le mode du reproche. Il est très facile de procéder à une véritable escalade dans ce domaine, et bien des couples ne manquent pas de le faire:

Monsieur: "Tu as passé les vacances à te plaindre de tout, des repas, de l'endroit, de l'hôtel. Tu aurais dû te taire et profiter au moins du beau temps."

Madame: "C'est mon droit de me plaindre quand je n'aime pas une chose et tu n'as pas d'affaire à me reprocher de faire ce que je veux."

Monsieur: "Tu ne devrais pas me reprocher de te faire des reproches. Je ne le fais que pour ton bien."

Madame: "Tu n'as pas le droit de me reprocher de te reprocher de me faire des reproches: C'est mon droit fondamental de faire n'importe quoi."

Monsieur: "C'est aussi mon droit à moi de faire les reproches que je veux à qui je veux, et il est absurde de ta part de me reprocher de faire ce que tu te reconnais à toi-même le droit de faire."

Avec un tel échange, on ne va pas très loin tant qu'on n'arrive pas à comprendre que, même si un être humain a bien le droit de faire ce qu'il veut, il n'en découle pas pour autant que tout ce qu'il a le droit de faire soit automatiquement intelligent, profitable et approprié. Ainsi, dans l'exemple précédent, madame a bien le droit de pester contre ce qu'elle n'aime pas et monsieur a bien le droit de le lui reprocher, mais dans un cas comme dans l'autre, ces reproches sont inappropriés et irréalistes, basés sur l'idée que les choses devraient être autrement qu'elles ne sont. Il vaudrait donc mieux et il serait plus réaliste pour madame, comme pour monsieur, de s'abstenir d'émettre des reproches, bien qu'ils en aient le droit incontestable, comme il est vrai de dire que tout être humain a le droit de se comporter et de penser comme il le fait, même s'il est souvent plus utile et plus opportun qu'il change ses manières de penser et de se comporter.

Albert Ellis a forgé en anglais le mot "musturbation", dérivé du mot "must" (il faut, tu dois, il est indispensable) pour désigner cette manie de proclamer que ce qu'on préfère est nécessaire et que ce que l'on veut *doit* être accompli. Comme je l'ai déjà noté, autant la masturbation est une activité inoffensive et même souvent profitable, autant la "musturbation" constitue une démarche nuisible, particulièrement destructive.

Le deuxième élément d'une bonne communication sera donc constitué par un respect véritable qui accepte l'interlocuteur tel qu'il est, avec ses qualités et ses défauts, ses illogismes et ses contradictions, car c'est ainsi que sont faits les êtres humains et il est ridicule de prétendre qu'ils *devraient* être autrement, même s'il est logique de conclure qu'ils feraient mieux de se comporter d'une manière moins contradictoire et ennuyeuse.

Le troisième élément de la bonne communication réside dans *l'authenticité*. Sans entrer dans les détails, disons que l'authenticité consiste à s'exprimer pleinement et franchement, sans prendre de détours inutiles et surtout, sans maquiller la vérité. Sans être inutilement brutale et tout en se préoccupant de la situation psychologique de l'interlocuteur, ce qui amènera à ne pas tout dire à tout le monde en tout temps, la communication authentique s'attachera néanmoins à exprimer le plus directement possible les contenus et les émotions à transmettre.

Il vaudra donc mieux, pour les partenaires d'une relation amoureuse ou matrimoniale, fuir les énoncés stéréotypés qui sont souvent vides de sens véritable. Il vaudra sans doute mieux dire moins souvent: "Je t'aime" et dire plus souvent "J'aime ça quand tu me caresses les cheveux, mais je déteste ça quand tu me rappelles mes faiblesses et mes bêtises."

Enfin, une quatrième dimension viendra opportunément compléter les trois premières. Il s'agit de la *précision* qui fera fuir les échanges remplis de vagues généralités, d'exagérations, d'allusions imprécises, d'insinuations voilées. Que chacun dise donc à l'autre ce qu'il veut dire clairement, précisément et sans détour. Il est déjà assez difficile, dans les meilleures conditions, à un être humain d'en comprendre un autre, sans que cet autre s'ingénie de plus consciemment, ou non, à brouiller les pistes en s'exprimant de façon floue et générale.

Ajoutons qu'une bonne dose d'humour semble très utile pour nouer une communication fructueuse. C'est l'humour qui permettra de dédramatiser des situations qui, vues avec un peu de recul, apparaissent souvent comme des tempêtes dans un verre d'eau. On a coutume de répéter que le sens de l'humour est une bonne indication de santé mentale et que, quand un homme ou une femme ont appris à rire un peu d'eux-mêmes et à ne pas se prendre terriblement au sérieux, les relations sont souvent excellentes entre eux. Bien des conflits, internationaux ou matrimoniaux, seraient évités si quelqu'un décidait de rire un peu de lui-même au bon moment. Ce qui ne revient pas à dire qu'il convient de traiter toutes les difficultés pardessous la jambe, avec désinvolture, ni surtout qu'il est très utile de *rire de l'autre* à moins qu'il n'ait déjà commencé à le faire lui-même, mais seulement qu'il est utile de dédramatiser bon nombre de situations qui ne sont tragiques que dans l'imagination de ceux qui se les représentent ainsi.

Même avec une empathie poussée, un respect solide, une authenticité à toute épreuve, une précision acharnée et un sens de l'humour bien placé, la communication entre deux êtres humains, dans le contexte d'une relation amoureuse ou matrimoniale, restera encore une chose difficile à réaliser et à maintenir vivante pendant de longues années, à travers les multiples épisodes de la vie quotidienne. Nous ne sommes pas des êtres parfaits et, malgré toute la bonne volonté au monde, il sera encore logique de s'attendre à des difficultés dans ce domaine. Il n'y a pas lieu de désespérer, mais bien d'apprendre à accepter le plus sereinement possible les limites inévitables de toute relation et de toute communication interpersonnelle. Là non plus, il n'y a pas de drame, mais seulement les conséquences naturelles, quoique souvent malcommodes, de la nature humaine.

Chapitre 8

Les enfants

On ne s'étonnera pas de trouver, dans un livre sur l'amour et le mariage, un chapitre sur les enfants puisque très souvent, volontairement ou non, ils apparaîssent comme résultats de l'activité sexuelle.

Malgré le fait que la plupart des gens qui se marient assument automatiquement qu'ils *doivent* avoir des enfants et que la paternité et la maternité augmenteront leur bonheur conjugal, disons tout net que les choses ne sont pas aussi simples et que, surtout à notre époque, il ne va pas de soi de mettre des enfants au monde. Au contraire, il existe de nombreuses raisons qui peuvent rendre un couple inapte à procréer et à éduquer des enfants et bien d'autres qui font qu'il est au moins *préférable,* pour bien des couples, de ne pas avoir d'enfants.

Parmi les conditions qui semblent indispensables pour que la procréation des enfants soit à la fois profitable pour les enfants eux-mêmes, pour les parents et pour la société dans son ensemble, on peut citer les suivantes.

Il faut d'abord que le couple soit clairement heureux et équilibré *avant* la procréation. Il est peu probable que la présence des enfants, avec ce qu'elle comporte de tracas et de préoccupations surajoutés, vienne apporter bonheur et équilibre à un couple qui ne les possède pas déjà à un degré appréciable. On peut, au contraire, redouter que les enfants n'aggravent la situation d'un couple déjà en difficulté.

Comme l'éducation des enfants est, même dans les meilleures conditions, une entreprise délicate et prolongée, il sera souhaitable que les futurs parents puissent être objectivement considérés comme notablement plus équilibrés et psychologiquement sains que la majorité des personnes de leur entourage. Les enfants ne sont pas le remède à une névrose personnelle ou à une névrose de couple.

En troisième lieu, il faut que les *deux* partenaires désirent l'un comme l'autre avoir des enfants, et pas seulement par sentimentalité, culpabilité ou pour faire comme tout le monde, mais bien parce que les deux désirent vraiment consacrer une part importante de leur temps et de leurs efforts à l'oeuvre difficile, complexe et exigeante qu'est l'éducation d'un enfant. Ils feraient mieux de se rendre compte, avant de procréer, que cette tâche les amènera à sacrifier beaucoup de plaisir dont ils jouissent actuellement et qu'elle comportera une bonne dose de frustrations en regard de satisfactions aléatoires.

Quand ces trois conditions sont réunies, il est plausible de croire que la procréation amènera du bonheur à un couple. En effet, l'éducation des enfants apparaîtra à ces parents comme une tâche intéressante, un "projet" à longue échéance qui stimulera leur créativité. Un tel projet, qu'il s'agisse d'un projet personnel, d'un projet artistique, d'un projet social ou d'un projet familial, semble en effet être porteur de beaucoup de bonheur pour la plupart des gens. Il donne un but à la vie et stimule l'activité dont la plupart d'entre nous semblons avoir besoin pour trouver un plus grand plaisir à vivre. On observe en effet régulièrement que les gens qui se disent les plus malheureux et les plus déprimés sont habituellement ceux qui ne poursuivent pas avec constance dans le présent l'accomplissement d'une tâche, ou d'un projet, à longue échéance, qui se contentent de se laisser vivre passivement, sans vraiment diriger leur barque vers un objectif qu'ils se sont fixé. L'éducation d'un ou plusieurs enfants peut constituer un tel projet et être, à ce titre, source de beaucoup de plaisir et de beaucoup de satisfaction, non sans exiger un investissement considérable d'énergie, de temps et de créativité.

Cependant, même dans ces conditions, on voit tout de suite que le projet d'éducation des enfants, même s'il peut durer vingt-cinq ans ou plus, n'est finalement que temporaire et qu'il sera malencontreux que les parents lui consacrent exclusivement tous leurs efforts et toutes leurs ressources, à l'exclusion de tout autre intérêt, puisqu'ils risquent de se trouver démunis et sans but quand les enfants se sépareront d'eux. Ce danger guette surtout la mère qui n'a pas développé d'autres intérêts que celui de l'éducation de sa famille. Après le départ des enfants, elle risque de se trouver mise à la "retraite" forcée. Le cas n'est ordinairement pas le même pour le père qui, de son côté, cultive la plupart du temps d'autres intérêts à côté de celui de l'éducation de ses enfants et qui sera, dès lors, moins déconcerté par leur accession à l'autonomie et leur départ du foyer. Je n'ai que trop souvent rencontré dans ma pratique professionnelle de ces femmes de quarante ou quarante-cinq ans qui tentent désespérément de conserver leur "emploi" de mères auprès d'enfants qui n'ont plus besoin de leurs services et qui sombrent tout doucement dans la dépression parce qu'elles ne savent plus à quoi s'intéresser; parce qu'elles ont mis, sans s'en rendre compte, tous leurs oeufs dans le panier de l'éducation des enfants, elles se trouvent démunies et désorientées quand le panier s'échappe de leurs mains.

Il semble donc que les trois éléments que je viens d'énoncer constituent des conditions préalables difficilement remplaçables pour que la procréation des enfants soit une entreprise qui comporte plus d'avantages que d'inconvénients pour tout le monde. Tous les couples heureux ne sont pas automatiquement aptes à mettre des enfants au monde et à les élever de façon profitable, mais il est pratiquement impossible à un couple malheureux d'y arriver. Cette conclusion se base sur les nombreuses observations des spécialistes du comportement humain qui établissent une étroite relation entre l'atmosphère familiale et le développement de l'enfant. Même s'il n'est pas impossible à un enfant de se développer harmonieusement dans une atmosphère familiale déficiente, ou encore de compenser plus tard pour les dommages reçus pendant son enfance, il est bien clair que cela est difficile, et parfois même impossible, pour l'enfant. A cause de sa dépendance quasi totale de son milieu, l'enfant sera fatalement affecté par l'atmosphère de son foyer et il n'est pas certain qu'il parviendra plus tard, à l'âge de la maturité, à se libérer des influences néfastes reçues pendant son enfance. Comme la mère est, dans la plupart des cas, celle qui exerce l'influence la plus profonde et la plus durable sur le développement de l'enfant, il sera d'autant plus important qu'elle soit heureuse dans son mariage. Une grande partie de son bonheur résultera, dans la majorité des cas, de l'harmonie des relations qu'elle entretient avec son mari.

J'ai déjà mentionné les difficultés qui existent pour n'importe quel homme et n'importe quelle femme qui décident de vivre ensemble: difficultés d'adaptation, nécessité de nombreuses concessions, difficultés sexuelles, etc. La présence des enfants vient s'ajouter à cette liste déjà longue et ce n'est pas rendre service à des couples qui réussissent tout juste à survivre, malgré leurs difficultés, que de les culpabiliser en les persuadant qu'il est de leur devoir de mettre au monde des enfants. Ajoutons que ce n'est pas rendre service aux enfants eux-mêmes, ni à la société qui compte déjà assez de ses membres qui parviennent péniblement à ne pas devenir des fardeaux pour les autres et qui risquent de le devenir si, à leurs difficultés déjà grandes, viennent s'ajouter celles amenées par la procréation. Il n'y a rien de déshonorant ni de honteux pour un couple à décider de ne pas avoir d'enfants, parce qu'ils se considèrent incompétents pour mener à bien la tâche de leur éducation et que leur situation psychologique personnelle ou matrimoniale leur semble trop fragile pour pouvoir supporter adéquatement la charge de la paternité et de la maternité. Voilà encore un "il faut" qu'il vaut beaucoup mieux faire disparaître. La planète étant déjà surpeuplée, avec tous les problèmes sociaux et économiques que cette surpopulation entraîne, et bon nombre de ses habitants arrivant déjà péniblement à survivre psychologiquement et physiquement, c'est plus que jamais le temps de ne se lancer dans la procréation qu'à tête reposée! Les couples sans enfants ne sont pas toujours des ennemis de l'ordre social, ils en sont au contraire souvent les bienfaiteurs! Il vaut mieux se rendre compte d'ailleurs que bon nombre de ceux qui poussent les autres à avoir des enfants le font souvent à partir d'un sentiment d'envie à l'égard de la liberté dont jouissent certains couples sans enfants. C'est comme si ces personnes disaient: "Me voilà prisonnier des enfants et empêché de faire ce que je voudrais vraiment de ma vie; pourquoi n'en serait-il pas de même pour tout le monde?"

Il ne sert à rien de nier que si le fait de mettre au monde des enfants et de les élever *peut* apporter aux parents des satisfactions, parfois même considérables, *il est certain* qu'il leur apporte toujours des ennuis et des tracas supplémentaires. L'enfant n'est pas un automatique pourvoyeur de bonheur, mais il est sûrement un automatique pourvoyeur de difficultés! Il est inévitable que le bonheur qu'avait réussi à se bâtir un couple avant la procréation soit affecté par la venue d'un enfant. De nombreuses activités des parents deviennent impossibles ou du moins plus difficiles; les dépenses en temps, énergie et argent, sont ordinairement considérables. Uniquement pour satisfaire les besoins physiques de l'enfant, pour ne pas parler de la réalisation des conditions psychologiques utiles à sa croissance, les parents doivent avoir à leur disposition des ressources considérables d'affection, de sécurité, d'équilibre et même de force physique. Souvent, tout ira assez bien pendant les premiers mois, puisque presque tous les bébés sont des êtres adorables, au moins une partie du temps, et que les parents peuvent retirer alors la satisfaction de voir cette petite extension d'eux-mêmes accepter, sans condition ni critique, leur affection et que, comme l'enfant ne parle pas encore, il leur est possible de lui prêter toutes sortes de sentiments affectueux à leur égard.

Le père, et peut-être encore plus la mère, qui ont un vif "besoin" d'être aimés trouveront chez le bébé un distributeur d'affection qui ne les critiquera pas. A ceux qui sont habités de sentiments d'infériorité, la présence du bébé apportera une justification à leur existence, une "preuve" de leur valeur humaine et sociale et un être facile à dominer et à modeler en raison de sa totale dépendance. Celui qui ne réussit pas dans sa vie à s'imposer aux autres adultes ressentira une bonne dose de satisfaction à enfin trouver un être qu'il peut manipuler à son gré et dont la société lui reconnaît l'entière responsabilité.

La situation sera encore plus délicate quand les deux parents sont l'un et l'autre infériorisés et habités de sentiments de non-valeur, puisqu'on assistera alors souvent à une rivalité entre eux, chacun tentant de se valoriser en exerçant sur le malheureux enfant une influence plus prépondérante que celle de son conjoint.

Cependant, les bébés grandissent et se transforment en enfants qui, fort tôt, commencent à avoir des idées bien à eux, des goûts, des préférences et une volonté propre. A mesure qu'ils se développent physiquement, ils sont aussi plus capables d'exercer leur initiative et deviennent souvent diaboliquement habiles à déjouer les plans de leurs parents. Qui n'a vu des adultes, par ailleurs fort sérieux et pleins de gravité, être amenés au bord des larmes ou de la fureur démente par les manoeuvres obstinément manipulatrices d'un bambin de trois ans! La capacité de résistance d'un enfant qui ne veut pas aller se coucher est incommensurablement plus grande que sa force physique. Comme l'enfant n'est centré que sur son plaisir *immédiat,* alors que l'adulte parvient parfois à le différer dans l'espoir d'en obtenir un plus grand, il ne sera pas accessible aux arguments de bon sens et de raison et les parents se retrouveront démunis devant ce petit être qui semble malignement prendre plaisir à contrecarrer leurs plans les mieux établis. Il y a de quoi en devenir "marteau" à moins d'être doté d'une patience à toute épreuve et d'un sens de l'humour fort développé.

A mesure que l'enfant grandit, les difficultés augmentent donc. La tâche fondamentale des parents, et aussi la plus difficile, consiste finalement à amener l'enfant à se passer d'eux et à être capable de se débrouiller par lui-même. Voilà qui est loin d'être simple ou facile, surtout si on se rappelle que ce processus s'étend sur de nombreuses années, compte tenu de la croissance relativement lente du petit d'homme par rapport à celle des petits des autres animaux de la planète.

Pendant les premiers mois de sa vie, il n'y a pas grand chose à faire qu'à fournir au bébé l'atmosphère d'amour et d'acceptation qui lui semble très utile pour ensuite se développer harmonieusement. L'enfant n'a pas encore l'équipement nerveux et musculaire qui lui permette de faire autre chose que de se laisser vivre le plus confortablement possible.

A mesure que l'enfant grandit, il lui est utile de non seulement continuer à recevoir l'acceptation sans condition de ses parents, mais aussi de recevoir de leur part une formation qui l'aide à développer ses propres possibilités tout en prévenant un certain nombre d'erreurs irréparables que son inexpérience pourrait l'amener à commettre.

On ne peut tout de même pas attendre qu'un enfant apprenne par lui-même que les camions peuvent l'écraser, les fils électriques l'électrocuter, les lacs le noyer. C'est aux parents que reviendra la tâche de fixer des limites réalistes à l'enfant mais aussi, et c'est là le hic, de s'effacer aussitôt que l'enfant a intégré ces limites dans son répertoire et les a faites siennes. Bien des parents trouvent difficile d'accepter que leurs enfants se développent dans des directions qu'ils n'avaient jamais songé eux-mêmes à emprunter et qui peuvent leur apparaître moins fructueuses que celles qu'ils leur recommandent par la parole et l'exemple.

Il y a quelques mois, je m'entretenais avec un père de famille qui se désolait du fait que son fils de douze ans manifestait peu d'intérêt pour les activités sportives et physiques et préférait se délecter de la lecture de ses auteurs favoris et de l'invention de toutes sortes de systèmes ingénieux pour ouvrir les portes, éteindre les lumières, etc. Le père, lui-même chasseur émérite et pêcheur acharné, ne comprenait pas comment un garçon en santé pouvait trouver plus de plaisir à lire Jules Vernes qu'à arpenter les bois. Il aurait voulu que son fils soit sportif, hardi, vigoureux, et il se retrouvait avec un garçon qui, sans être chétif, ne voyait aucun plaisir à jouer au baseball avec des copains.

J'ai tenté de faire comprendre à ce monsieur que son fils n'était pas un appendice de lui-même, qu'il n'était pas une poupée de glaise qu'on peut façonner à son goût et qu'il n'existait pas de raison qui fit que cet enfant dût préférer une activité plutôt qu'une autre, mais qu'il avait entièrement le droit de mener son existence à sa guise, sans égards pour les goûts et les préférences de son père.

Heureusement, mon interlocuteur était plus réaliste que bien d'autres parents et comprit vite qu'il était absurde de tenter d'imposer à son fils des activités que ce dernier, de toute évidence, ne prisait pas. La réaction contraire n'est malheureusement pas rare. Avez-vous déjà assisté à un match de football ou de hockey entre des équipes d'enfants alors que leurs parents sont présents? Si oui, il vous est sans doute arrivé d'être témoin de certains comportements alarmants de la part de certains parents. Quand leur rejeton est pénalisé, retiré du jeu ou bousculé par un autre joueur, ils vocifèrent, tempêtent et donnent des signes d'une aliénation temporaire. C'est eux qu'on punit ou agresse, c'est une partie d'eux-mêmes qui pousse le ballon, c'est à eux qu'on en veut quand le petit est bousculé et c'est eux qui triomphent quand il marque un but. Le fanatisme qu'ils manifestent mène à conclure que c'est leur peau qu'ils défendent à travers celle de l'enfant. J'ai déjà vu un père, homme apparemment pondéré par ailleurs, hurler des injures et des menaces à l'adresse d'un arbitre qui venait de chasser du jeu son cher petit. J'en ai connu un autre qui imposait à son fils de s'exercer pendant des heures au patinage artistique, que l'enfant détestait, et qui alors seulement l'autorisait à pratiquer son sport favori, le football. Quand il ne s'agit que de sports, passe encore, mais qu'en sera-t-il quand des parents s'opposeront au choix de carrière d'un enfant sous prétexte que ce choix ne correspond pas à celui qu'ils ont fait pour lui. C'est le père médecin qui se désole de voir son fils s'orienter vers la mécanique-automobile, c'est la mère infirmière qui ne peut accepter que sa fille aspire au ballet.

On a souvent parlé du phénomène de la surprotection que certains parents exercent à l'endroit de leurs enfants, mais on a peut-être moins souvent fait remarquer que, dans ces cas, c'est le parent qui se protège lui-même, plus qu'il ne protège l'enfant. Qu'on ne s'étonne pas de voir l'enfant à qui son père a interdit d'avoir une bicyclette sous prétexte qu'il pourrait se blesser et à qui sa mère a défendu de fréquenter des jeunes de son âge, parce que, disait-elle, ils n'étaient pas assez bien élevés, se retourner plus tard contre ses parents et leur reprocher d'avoir abusivement restreint son initiative et sa liberté et de ne lui pas avoir appris à assumer la responsabilité de ses actes.

L'une des pires choses que des parents peuvent donc faire, c'est d'accomplir à la place de l'enfant les choses que ce dernier est en mesure de faire lui-même fut-ce maladroitement au début. C'est ici que les "besoins" névrotiques des parents se manifestent souvent le plus clairement: "besoin" de plaire et d'être approuvé, qui amènera une mère à téléphoner au professeur de musique pour l'avertir de l'absence de son fils plutôt que de laisser l'enfant le faire lui-même, "besoin" de réussir qui poussera un père à réparer la bicyclette de son fils plutôt que de le laisser essayer lui-même de le faire, "besoin" de ne pas perdre la face qui conduira une mère à faire elle-même les devoirs de ses enfants pour qu'ils obtiennent de bonnes notes et qu'on ne puisse pas dire que la fille de Mme Dubois est sotte!

On finirait par être poussé à recommander à la plupart des parents d'intervenir le moins souvent possible dans la vie de leurs enfants. Cette attitude de non-intervention ne se confond pas avec la passivité et le désintérêt. Elle exprime seulement la conviction que les enfants sont des êtres humains de plein droit, qu'ils ne sont pas non plus de petits adultes, mais bien des enfants qui ont le droit de vivre leur enfance, qu'ils ne sont pas la propriété des parents auxquels ils ne sont que "prêtés" dans l'unique but de les aider à parvenir aux objectifs que les enfants se fixent à eux-mêmes.

Il est bien clair que l'enfant manque d'expérience et que, dans son apprentissage, il va commettre de nombreuses erreurs. Il n'y a rien de pire probablement que de le protéger des conséquences de ses propres erreurs, car comment pourra-t-il autrement apprendre vraiment à mener sa vie d'une manière qui lui soit avantageuse? Les enfants ont sans aucun doute bien des choses à apprendre, mais je souhaiterais que les parents se préoccupent davantage de leur montrer, par la parole et par l'exemple, les choses qui sont les plus utiles pour la conduite d'une vie plus heureuse. Que l'enfant apprenne le plus tôt possible à ne pas s'évaluer lui-même, même si les autres le font, qu'il sache comment s'y prendre pour ne pas attacher beaucoup d'importance à l'opinion que les autres ont de lui, qu'il connaisse la différence entre un événement désagréable et pénible et une "catastrophe". Des parents névrosés et malheureux ne peuvent évidemment pas enseigner à leurs enfants à combattre leurs idées fausses et à s'en défaire puisqu'ils les partagent eux-mêmes.

Personne n'est parfait, les parents pas plus que quiconque, et il n'existe pas de "bons" parents, puisque de tels parents seraient ceux qui ne commettraient jamais d'erreurs dans l'éducation de leurs enfants. Néanmoins, sans *être* jamais "bons" ou "mauvais", les parents peuvent se comporter de façon plus ou moins appropriée dans la démarche d'éducation de leurs enfants. Les parents qui semblent réussir le mieux ce travail d'éducation sont ceux qui se tirent bien d'affaire dans leur vie personnelle et matrimoniale. Il n'y a rien d'étrange à cela, puisqu'il est probable que de tels parents sont plus capables de créer consciemment et inconsciemment l'atmosphère la plus propice pour la croissance et le développement de l'enfant.

De tels parents fournissent à l'enfant un modèle de maturité et d'équilibre et sont en général plus aptes à se comporter adéquatement comme parents, sans étouffer leurs enfants par leur surprotection ou les écraser par leur domination. Parce qu'ils trouvent des satisfactions dans leur vie personnelle et leur vie matrimoniale, ils sont moins portés à se servir des enfants comme sources de gratification et peuvent ainsi parvenir à les laisser vivre à leur manière sans intervenir de façon intempestive ni essayer d'obtenir à travers leurs enfants les satisfactions qu'ils n'arrivent pas à se procurer autrement.

Il est clair que bien rares sont les parents qui élèvent délibérément leurs enfants de travers. La plupart des parents incompétents ne le savent même pas et demeurent étonnés des effets ultérieurs de leurs erreurs. "Mais, nous leur avons tout donné...!" s'exclament-ils quand les enfants se retournent contre eux et leur adressent des reproches. Il n'est pas question de mépriser de tels parents et de leur faire porter la culpabilité d'erreurs qu'ils ont commises de bonne foi. Il faut aussi rappeler que, même si l'influence des parents sur le développement de l'enfant est prépondérante, elle n'est tout de même pas unique. D'autres forces s'exercent sur l'enfant: les camarades, l'école, la société dans son ensemble. Il est absurde de rendre les parents responsables, et encore plus coupables, de toutes les bêtises de leurs enfants, mais il faut bien reconnaître que, dans la plupart des cas, leur influence est la plus marquée de celles qui s'exercent sur l'enfant.

Par ailleurs, il est également faux de prétendre que "tout est réglé à cinq ans" et que jamais un adulte ne réussit à compenser les déficits ou les erreurs d'une éducation familiale mal faite. Sans doute vaut-il beaucoup mieux prévenir que guérir, mais l'adulte qui a été un enfant mal éduqué peut encore souvent, s'il y travaille vraiment, corriger beaucoup des effets nocifs de son éducation première.

Ce qui précède suffira peut-être à vous convaincre qu'il est imprudent de s'engager dans la procréation des enfants sans y avoir mûrement réfléchi et sans voir examiné avec soin si l'on dispose des ressources personnelles indispensables pour mener cette oeuvre à bien. Il est facile de se faire illusion dans ce domaine comme dans d'autres, ou de se laisser aller à croire la publicité qui représente la procréation comme un devoir ou comme l'assurance d'un grand bonheur. Un proverbe dit: "On ne donne qu'aux riches" et, pour ce qui est des enfants, presque seules trouveront du bonheur à en avoir et à les élever les personnes qui sont déjà suffisamment heureuses dans leur vie personnelle et matrimoniale. Quant à ceux et celles qui n'y arrivent pas ou qui y arrivent de justesse, il vaut mieux qu'elles se préoccupent d'abord d'assurer leur propre équilibre et leur propre bonheur avant de songer à faire celui d'éventuels enfants.

Chapitre 9

Amour et homosexualité

Parmi les diverses expressions de la sexualité, certaines sont le fait d'une minorité de personnes, minorité qui cependant, en chiffres absolus, peut comprendre des centaines de milliers d'individus. Parmi ces diverses formes minoritaires, l'homosexualité est certainement la plus répandue et il vaut la peine qu'on s'y arrête quelque peu.

Commençons par régler la question de la normalité de l'homosexualité. La plupart des personnes qui préfèrent les contacts hétérosexuels et bon nombre de ceux qui pratiquent les rapports homosexuels déclarent que ces rapports sont anormaux. Comme le terme "normal" peut revêtir plusieurs sens, il en résulte une grande confusion.

Dans un premier sens, le terme normal désigne ce qui est habituel, coutumier: c'est la normalité statistique. Ainsi, on dira que la taille normale de l'homme se situe entre cinq pieds six pouces et six pieds et, dans ce sens, un homme de six pieds six pouces a une taille anormale. Celui qui se présente à un cocktail chic en bleus de travail se comporte de façon anormale, en ce sens que peu de gens portent ce genre de vêtement dans une telle occasion. En ce sens, on pourra dire que la pratique de l'homosexualité est anormale, puisqu'elle n'est le fait que d'une minorité de personnes.

Le terme normal revêt cependant un deuxième sens: celui de *sain, de non pathologique*. Le terme normal comporte ici un jugement de valeur. Des phrases comme: "Il est anormal de ressentir une douleur au côté gauche" ou "Normalement vous ne devriez pas être si fatigué" véhiculent ce deuxième sens.

Bon nombre de choses pathologiques et malsaines sont aussi rares et exceptionnelles, mais *tout* ce qui est rare et exceptionnel n'est pas nécessairement malsain et il sera extrêmement utile de distinguer les deux sens de "normal" quand on applique cet adjectif à une situation ou un état quelconque.

Ainsi, est-il juste de dire que l'homosexualité est anormale au sens pathologique et malsain du mot? L'homosexualité, en plus d'être exceptionnelle, constitue-t-elle une déviation maladive et est-elle un signe infaillible de névrose? Il ne semble pas qu'on puisse l'affirmer sans nuances.

Il est évident que la névrose, c'est-à-dire cette tendance d'un être humain intelligent à penser et à agir de façon stupide et contraire à ses propres intérêts, ne respecte pas la frontière des préférences sexuelles. Certaines personnes qui pratiquent exclusivement l'hétérosexualité sont en même temps profondément névrosées et il en est de même de certains homosexuels. D'autre part, la santé mentale, toujours relative d'ailleurs, se retrouve également dans les deux groupes.

On ne peut donc dire que l'homosexualité en elle-même constitue une "maladie" psychologique et il semble plus exact de la décrire comme un choix plus ou moins conscient qui *peut* être causé par des phénomènes psychologiques malsains ou s'accompagner de tels phénomènes. Ainsi, il semblera légitime de qualifier de névrosées seulement ces personnes qui s'engagent d'une façon *exclusive* et *compulsive* dans une unique forme d'activité sexuelle, par exemple l'homosexualité, et qui ressentent un manque d'attirance ou une répulsion pour toute autre forme. Si cette proposition apparaît trop rigide, considérez ce qui se produit quand on l'applique à un domaine non sexuel. Ne concluerait-on pas qu'un individu en bonne santé physique qui refuserait de manger autre chose que des omelettes faites de deux oeufs, et cela toujours à cinq heures du matin et seulement si on les lui sert dans une assiette verte, et qui refuserait, même s'il mourait de faim, de manger quoi que ce soit d'autre à toute autre heure et dans toute autre assiette, est profondément troublé et névrosé? Pourquoi, dès lors, ne tirerait-on pas la même conclusion à propos d'une personne qui s'obstine compulsivement à exercer sa sexualité d'*une* seule manière? Qu'il s'agisse de l'hétérosexualité, de l'homosexualité ou de l'auto-sexualité ne fait pas de différence.

En effet, il existe de nombreuses manières pour un être humain d'obtenir une satisfaction sexuelle. Sans détailler les formes plus exotiques, comme la nécrophilie ou la statuophilie qui sont toujours le fait de personnes sérieusement troublées, on peut les ramener à trois grandes formes: l'auto-érotisme, l'hétérosexualité et l'homosexualité. Chacune de ces formes peut à son tour s'exercer selon une foule de modalités et de variantes. On peut conclure, comme pour le mangeur d'omelettes, que celui qui se cantonne rigidement dans une seule forme et une seule modalité d'expression sexuelle et qui ressent de la répulsion pour toute autre forme donne des signes d'une sexualité mal intégrée et teintée de névrose, anormale au sens pathologique du terme. Ainsi en serait-il par exemple d'un mari qui ne parviendrait à trouver de satisfaction sexuelle *que* dans le contact avec son épouse, dans leur seule chambre à coucher et dans la seule position dite "du missionnaire". Il en serait de même également pour un homme qui, en des circonstances normales, préfère les relations hétéroxexuelles, mais qui refuserait maladivement de se rabattre sur la masturbation ou les relations homosexuelles dans le cas, par exemple, où il serait emprisonné pour vingt ans avec des membres de son propre sexe, sans aucune possibilité d'exercer le mode de sexualité qu'il préfère. Dans de tels cas, en effet, il semble clair que de tels individus ne font pas que *préférer* un mode d'expression sexuelle à un autre, mais qu'ils sont de plus névrotiquement effrayés par tout autre type de relation sexuelle et que c'est cette rigidité et cette peur qui constituent leur névrose. L'un des signes de l'anormalité pathologique dans divers domaines est en effet la rigidité, la compulsion et la fixation à un seul élément, alors que plusieurs sont disponibles, et l'anxiété ressentie devant des choix variés. J'ai déjà connu une jeune femme qui ne parvenait à passer un examen écrit que quand elle s'était munie au préalable de cinq crayons bien aiguisés qu'elle déposait sur sa table devant elle pour ensuite utiliser un stylo pour rédiger ses réponses. Tout le monde sera d'accord pour qualifier ce comportement de névrotique et conclure que tout ne tourne pas rond dans les idées et les émotions de son auteur.

De même, il sera légitime de conclure qu'une personne qui pratique l'homosexualité de façon compulsive, rigide, et qui ressent une vive anxiété devant la possibilité d'exercer sa sexualité d'autres manières est très probablement anormale et névrosée.

Par ailleurs, il n'y a pas lieu de qualifier de névrosée ou anormale une personne qui demeure flexible et ouverte dans le domaine de la sexualité comme dans d'autres, tant que sa pratique de telle forme de sexualité n'exprime qu'une *préférence* et non pas un *besoin,* un choix relatif et non pas absolu. Il semble tout à fait normal et naturel qu'un être humain ressente des attirances vers diverses formes de sexualité et il n'y a ordinairement pas de raison de s'inquiéter pour, par exemple, un jeune homme et une jeune fille qui ressentent des attraits pour des personnes de leur propre sexe, tout en continuant à en manifester pour d'autres formes d'expression sexuelle.

Ceci dit à propos de la "normalité" de l'homosexualité, est-il concevable que deux personnes du même sexe préfèrent ce type de sexualité à d'autres et ressentent l'une pour l'autre des sentiments amoureux? Cela est évidemment possible et, compte tenu de ce que je viens d'expliquer, pas nécessairement pathologique.

Cependant, les amoureux homosexuels ont à affronter les mêmes difficultés que les autres, en plus de celles que les préjugés de notre société viennent ajouter. Même si cette société voit d'un mauvais oeil les rapports hétérosexuels autres que ceux qui existent entre un mari et son épouse, elle voit d'un oeil encore plus mauvais les rapports homosexuels, même s'ils se produisent exclusivement à l'intérieur d'un couple formé de deux hommes ou de deux femmes. Comme les partenaires de telles unions sont eux-mêmes issus de notre société, ils sont affectés souvent eux-mêmes des mêmes préjugés et ressentent donc souvent de la culpabilité et de la honte à propos de ce qu'ils appellent eux-mêmes leur anormalité. Tout ceci ne viendra pas faciliter une vie heureuse et équilibrée pour des partenaires homosexuels.

Dans les meilleures conditions, cependant, quand les partenaires ne sont pas eux-mêmes névrosés et compulsifs, quand leur homosexualité est l'expression d'une préférence plutôt que celle d'un besoin, il n'y a pas de raison pour que ne puisse se construire et se développer entre eux une relation aussi harmonieuse et porteuse de bonheur que celle existant à l'intérieur d'un couple hétérosexuel. Ce n'est pas le facteur sexuel qui détermine la qualité d'une relation, mais bien plutôt l'équilibre personnel et l'épanouissement des deux partenaires. Il est ainsi tout à fait possible et sain qu'une personne, qui ne réussit pas à trouver chez des partenaires de l'autre sexe le type d'amour qu'elle préfère, choisisse de nouer une relation homosexuelle où elle trouvera un partenaire prêt à l'aimer d'une manière qui lui convient.

Il y a quelques années, j'ai rencontré en thérapie une jeune femme qui m'apparut initialement profondément névrosée et affectée, entre autres, de tenaces sentiments d'infériorité et de culpabilité. Dans ses rapports amoureux avec les hommes, elle désirait *et exigeait* de ses amants qu'ils aient pour elle un amour érotique et amical, mais elle n'avait en pratique réussi à rencontrer que des hommes qui étaient prêts à lui offrir des amours ludiques.

Par le contact thérapeutique, elle apprit graduellement à se défaire de ses sentiments d'infériorité et de culpabilité, basés sur ses idées infantiles et irréalistes, notamment sur sa manie de s'évaluer elle-même et de confondre *l'inopportun* et *l'interdit.*

Elle apprit également à cesser d'*exiger* pour se contenter de *préférer,* en se débarassant de l'idée que les choses *devraient* être autres qu'elles ne sont et que c'est une catastrophe de ne pas arriver à satisfaire une préférence. Les choses allaient déjà beaucoup mieux, mais les partenaires sexuels masculins qu'elle rencontrait ne continaient à lui offrir que des amours ludiques. C'est finalement chez une autre femme qu'elle a réussi à trouver l'affection, la tendresse et la stabilité qu'elle recherchait. Quiconque crie ici au scandale fera bien

riant: "Mais encore...". "Le mariage", pousse un bambin. L'évêque sourit encore plus et, dans la foule des parents, on entend des rires polis. "Tu es un peu en avance, mon garçon", rétorque l'évêque. A ce moment, une petite voix fluette mais claire ajoute: "Et après le mariage, c'est le divorce!" Confusion générale... L'évêque passe sans plus tarder au reste de la cérémonie.

Cette petite histoire, tout à fait authentique d'ailleurs, souligne le fait que le divorce, dans bien des milieux, est devenu avec le temps une procédure si fréquente que les enfants eux-mêmes ne s'en étonnent plus guère.

Cependant, il reste encore bien des mythes attachés au divorce et il me paraît utile de les éclaircir ici et de tenter de réfléchir de façon rationnelle à cette question.

J'ai déjà parlé brièvement des complications légales qui entourent le divorce, de même que de l'illogisme et de l'hypocrisie des lois qui le régissent et qui rendent, en droit, impossible le divorce par consentement mutuel des conjoints, les amenant en fait à circonvenir la loi par des manoeuvres inutilement complexes.

Si la situation est déjà confuse au plan légal, elle l'est souvent encore plus au plan personnel, à la fois à cause des attitudes sociales par rapport au divorce et du changement considérable amené par le divorce dans la vie des deux partenaires.

On reproche au divorce de provoquer souvent beaucoup d'anxiété dans la vie de ceux qui l'envisagent ou qui s'y engagent. En principe, n'importe quel changement important dans la vie est susceptible d'offrir à l'anxiété l'occasion de se manifester, surtout chez des personnes qui sont déjà peu sûres d'elles-mêmes. Après tout, qui ne ressent pas au moins une certaine anxiété avant de commencer un nouveau travail, de partir en voyage à l'étranger, de faire n'importe quoi d'un peu important pour la première fois. Il ne faudra donc pas s'étonner que la personne qui s'apprête à divorcer, ou qui vient tout juste d'obtenir son divorce, traverse une période caractérisée par l'insécurité et la confusion. Ce serait absurde, en conséquence, de déclarer que le divorce est toujours mauvais, parce qu'il s'accompagne habituellement d'anxiété. A ce compte, il faudrait déclarer indésirable toute démarche nouvelle dans tous les domaines.

On déclare aussi que le divorce ouvre la porte à bien des abus et à bien des injustices. Ceci est certainement exact, mais on ne peut pas en conclure qu'il faut condamner une démarche parce que certaines personnes en abusent. Il est vrai qu'entre les mains de personnes névrosées et troublées, le divorce peut devenir un événement cruel et destructeur, tout comme d'ailleurs bien d'autres démarches comme le travail, l'autorité et le mariage lui-même. Mais entre les mains de personnes intelligentes et équilibrées, le divorce peut être une démarche sereine, humanitaire, libératrice. On ne songerait pas à interdire la fabrication des couteaux sous prétexte qu'ils peuvent servir aux assassins à poignarder leurs victimes, ou à déclarer que les lits sont des endroits mortels parce que la plupart des gens y meurent!

On pense souvent que le divorce est amené par la présence d'une autre personne avec laquelle l'un des conjoints noue des liens amoureux. Bien que cette situation soit courante, elle n'est souvent pas tant la cause du divorce qu'un facteur qui hâte la dissolution d'un mariage déjà avarié. Faute de distinguer la vraie cause du divorce, bien des divorcés passent à travers d'inutiles angoisses et sont susceptibles de retomber dans des situations aussi malencontreuses que celle que le divorce est venu dissoudre. Quand l'un des conjoints, la femme par exemple découvre que l'autre lui a été "infidèle", il réagit souvent d'abord avec une surprise peinée et a fortement tendance à se prendre en pitié, à se cantonner dans le rôle de la partie offensée, de l'être gentil et bon qui s'est fait rouler. Ce premier sentiment s'accompagne vite de la colère à l'endroit du conjoint infidèle qui est condamné comme un être vil et méprisable. De telles attitudes ne sont évidemment guère susceptibles de rétablir la relation entre les conjoints. Cependant, ce sont ces attitudes qui sont approuvées par le milieu et une femme qui recevrait avec gravité, mais sans larmes ni colère, la nouvelle des relations extra-matrimoniales de son mari en serait blâmée par beaucoup de gens. Nul n'est censé rester calme et pondéré dans une telle situation!

De son côté, le conjoint "coupable" a, lui aussi, éprouvé des sentiments selon un modèle stéréotypé, comme sa culture lui a appris à le faire. Il s'est d'abord senti fort coupable d'avoir trompé sa femme; sa culpabilité l'a non seulement empêché de profiter pleinement de sa relation avec une autre femme, mais souvent elle l'a amené à révéler son aventure à sa femme ou à la dissimuler si mal qu'elle l'a découverte. La révélation qu'il fait de sa relation à sa femme procure d'abord un soulagement au mari adultère, mais ce soulagement n'est que de courte durée. Avant longtemps, il commence à se défendre contre les accusations véhémentes de son épouse et contre ses reproches. Il commence à son tour à considérer que la vie avec sa femme est devenue impossible, qu'au contraire la vie avec l'autre femme sera remplie de délices puisqu'ils s'aiment tous deux si profondément! Ce qui, au commencement, a pu être une simple aventure ludique sans lendemain se transforme en un amour violemment érotique, alimenté en grande partie par les réactions exagérées du conjoint trompé. Il s'ensuit habituellement un divorce, dans des conditions d'amertume et dans un climat de vengeance.

Est-il possible à un conjoint trompé de réagir d'une manière plus rationnelle et plus pondérée? Sans aucun doute, mais il faut bien avouer, encore une fois, que les croyances idiotes de notre culture à propos de l'amour et du mariage ne rendent pas la tâche facile. Elles rendent particulièrement difficile au conjoint trompé l'examen objectif de la situation et de ses propres comportements qui ont pu contribuer à pousser le conjoint infidèle à son aventure extra-matrimoniale. La croyance qu'un homme trompé n'est rien d'autre qu'un pauvre cocu, objet du ridicule et des plaisanteries de l'entourage, et qui se doit, pour sauver son honneur, de réagir avec violence et fureur, est une croyance bien ancrée dans la tête de la plupart des hommes. Quant à la femme, elle a été conditionnée par des siècles de tradition à se considérer, quand elle est trompée, comme une victime innocente qui se doit également de réagir de la même façon. Il est donc malheureusement probable que la situation aboutira au divorce et au mariage de l'un des conjoints avec son amant ou sa maîtresse, mais il est difficile de se réjouir de cette situation, puisque, très souvent elle aboutit à une nouvelle union qui est affectée des mêmes problèmes que la première. Pas plus que la procréation, le divorce ne peut être considéré comme un remède efficace à la névrose.

Il y a des exceptions à toute règle et il se peut qu'un divorce amené par des considérations irrationnelles et mythiques ait après tout d'heureux résultats. La chance joue pour tout le monde, même pour ceux qui se comportent de façon idiote. Ainsi, par exemple, supposons que vous réagissiez avec fureur au fait qu'un autre automobiliste vous dépasse maladroitement sur l'autoroute. Dans votre rage, vous le dépassez à votre tour en écrasant l'accélérateur et en atteignant une vitesse insensée. Par la suite, vous apprenez que quelques secondes après ce geste, il y a eu un grave accident impliquant une dizaine de voitures juste en arrière de vous, et auquel vous avez échappé sans le savoir du fait de votre accélération brutale. Peut-on en conclure que vous avez agi intelligemment en doublant rageusement l'autre voiture? Evidemment non, mais vous avez été chanceux.

Supposons encore qu'en vous rendant à l'aéroport, vous vous chicaniez absurdement avec le chauffeur du taxi qui vous y conduit, au point où celui-ci, dans sa colère, vous expulse de sa voiture. Vous manquez votre avion, mais celui-ci s'écrase au décollage. Votre chicane avec le chauffeur de taxi n'en est pas davantage rationnelle et intelligente, mais vous avez encore été chanceux. Une action stupide vous a apporté des résultats heureux, ce qui, en passant, contredit le mythe que tout ce qui est mal fait apporte toujours de mauvais résultats. Un divorce idiot *pourra* donc être suivi de résultats heureux, mais il semble bien que cela soit rare. En général, une bêtise mène à une autre et il vaut mieux ne pas trop compter sur le hasard avant de s'engager dans des actions aussi importantes.

Bien qu'on puisse donc conclure que beaucoup de divorces sont inutiles ou que bien des couples s'y engagent sous des prétextes insuffisants et souvent irrationnels, il n'en demeure pas moins vrai que, dans certains cas, le divorce constitue la solution la moins mauvaise à une situation malencontreuse. Il n'est pas rare en effet que le mariage ait été conclu avec des raisons insuffisantes lui aussi, la principale étant l'amour. Il n'y a encore que trop de gens qui pensent que quand deux êtres s'aiment, la conclusion logique de leur amour réside dans le mariage. Il n'en est évidemment rien, comme je l'ai déjà fait remarquer. Sans doute certains types d'amour favorisent-ils la stabilité et le plaisir de vivre ensemble, mais pas tous. Par ailleurs, même un amour ardent de type érotique ne parviendra pas à la longue à masquer les incompatibilités profondes qui peuvent exister entre les amoureux. Si deux êtres, même s'ils s'aiment fortement l'un l'autre, n'arrivent pas à *s'entendre* sur la plupart des points importants de leur vie, à se plaire l'un à l'autre dans des situations non sexuelles, à s'aider l'un l'autre à se développer et à participer à un large éventail d'activités diverses, à se respecter l'un l'autre dans leurs différences, il vaut probablement mieux qu'ils ne se marient pas ou que, s'ils sont déjà mariés et qu'ils ne peuvent pas, après des efforts considérables, arriver à améliorer la qualité de leurs rapports, ils pensent sérieusement à se séparer ou à divorcer.

Certains couples déclarent rester ensemble à cause des enfants. Encore que cette raison ne soit pas toujours la vraie et qu'elle masque souvent la peur des conjoints d'affronter la réprobation de leur milieu s'ils divorcent, on ne peut pas nier que la préoccupation du bien-être des enfants soit une considération valable. Mais il ne faut pas conclure trop vite dans tous les cas que la permanence de l'union matrimoniale soit toujours avantageuse pour les enfants. Si le mariage est devenu destructeur pour les deux partenaires et que leur union est ponctuée de disputes amères, de discussions continuelles à propos de tout et de rien, de violence plus ou moins directe, n'est-il pas logique de conclure qu'une telle atmosphère ne peut être que délétère à la longue pour des enfants, surtout s'ils sont encore jeunes, et qu'il vaut mieux pour eux trouver la paix et la sérénité avec un seul de leurs parents que la guerre et l'insécurité avec les deux? Il vaut mieux se défaire du mythe qui déclare qu'il est toujours extrêmement important qu'un enfant grandisse en contact avec son père *et* sa mère et que c'est une catastrophe pour lui que l'un des deux soit absent. On sera d'accord pour dire que la présence des deux parents est fort utile quand l'un comme l'autre est équilibré et non névrosé. Mais il semble préférable pour eux de ne pas avoir de contact du tout avec un père ou une mère profondément troublés, même si ce trouble n'est occasionné que par la vie en commun des parents.

Bien des gens croient aussi que, puisqu'ils se sont déjà bien aimés et bien entendus ensemble pendant des années, il *doit* exister un moyen pour eux de se réconcilier quand cette entente disparaît. Il vaut sûrement la peine de considérer sérieusement cette possibilité, mais on ne peut pas conclure de façon réaliste qu'elle existe *toujours*. Les êtres humains sont des êtres changeants et si, souvent, ces changements les rapprochent encore plus les uns des autres, il peut aussi fort bien arriver qu'ils les éloignent à un point tel qu'il soit très improbable qu'ils puissent jamais se rejoindre. Les goûts, les intérêts, les activités, les attitudes qu'on a à vingt ans sont rarement les mêmes qu'on a à quarante ans et c'est faire preuve d'une espèce de sadisme que de maintenir que des mariages qui demeurent morts malgré tous les efforts qu'on fait pour les ressusciter doivent continuer à exister. Nul n'est contraint de payer pendant toute sa vie une erreur initiale ou de porter les conséquences d'un éloignement progressif.

Il me semble donc qu'il est légitime de conclure que le divorce sera indiqué quand les deux époux (ou au moins l'un d'eux) continuent à le désirer pendant une longue période de temps et après que des efforts précis et sérieux de réconciliation ont été effectués. Il ne sert habituellement à rien d'essayer de *forcer* deux êtres à bien s'entendre quand ils ne le veulent pas et surtout quand ils ne le peuvent pas. Le remède est ici souvent pire que le mal qu'il tente de guérir, et il peut être plus néfaste pour tout le monde de forcer deux époux à continuer à vivre ensemble que de reconnaître leur droit de tenter de réussir séparément ce qu'ils n'arrivent plus à accomplir ensemble.

Le divorce n'est donc pas toujours une démarche négative, même s'il faut reconnaître qu'il comporte souvent de nombreuses difficultés. Ces difficultés sont cependant souvent moins considérables que celles amenées par la continuation d'une union qui n'a jamais été ou qui a cessé d'être profitable pour les partenaires et pour les enfants qui en sont issus. Autant il peut être utile d'encourager ceux qui pensent au divorce à ne pas trop se hâter et à laisser passer un certain temps avant de s'engager dans des démarches irrévocables, autant il semble abusif de rendre tout divorce pratiquement impossible par des démarches illogiques et inutilement pénalisantes. Il vaudrait mieux, sans doute, rendre le mariage moins facilement accessible et faciliter la séparation à ceux qui, après mûre réflexion et tentatives sérieuses de réconciliation, maintiennent leur désir de rompre leur union. Le divorce n'est pas toujours un échec, mais il est bien souvent un moyen de réparer le moins mal possible un échec initial et il semble inutilement cruel et absurde de culpabiliser et de pénaliser ceux des êtres humains imparfaits et sujets à l'erreur, comme nous le sommes tous, qui ne trouvent plus de bonheur dans la vie continuée avec un partenaire qu'ils ont peut-être jadis aimé.

Chapitre 11

De l'exigence à la préférence

Nous voici arrivés au terme de ces réflexions sur les sujets connexes de l'amour, de la sexualité et du mariage. Au cours des pages qui précèdent, j'ai tenté avec vous d'explorer les facettes de ces trois sujets, d'examiner certains de leurs aspects et de dégager à leur propos quelques conclusions susceptibles de vous être utiles dans la conduite de votre vie quotidienne.

Nous avons d'abord exploré certains mythes à propos de l'amour. Après avoir décrit l'amour comme le sentiment qui existe à chaque fois qu'un être ressent une attirance vers un autre et éprouve du plaisir à sa présence ou à sa pensée, j'ai été amené à conclure qu'il n'y a pas de vrai ou de faux amour, mais bien qu'il existe de nombreux types d'amour qui se distinguent les uns des autres par leurs caractéristiques. En chemin, nous avons aussi rencontré le mythe de l'amour total et complet et j'ai tenté de vous en démontrer l'impossibilité. Cette même réflexion m'a amené à explorer avec vous la différence entre l'amour de soi, impossible à réaliser et basé sur la démarche délétère de l'évaluation de soi, et l'acceptation de soi, démarche incomparablement plus saine et non névrotique.

J'ai ensuite passé pas mal de pages à décrire certains types de l'amour, de l'amour érotique à l'amour altruiste, en passant par l'amour ludique, l'amour d'amitié, l'amour maniaque et l'amour pragmatique, pour conclure que c'était un dernier mythe que de croire qu'une personne ne pouvait vraiment en aimer qu'une seule autre à la fois.

J'ai ensuite abordé le sujet des maladies de l'amour qui, finalement, se résument toutes à une seule: la manie d'exiger, de proclamer comme un besoin ce qui n'est que souhaitable et comme nécessaire ce qui n'est que préférable.

Nous nous sommes ensuite arrêtés aux questions concernant le mariage, pour d'abord exposer que cet état n'est ni une nécessité, ni un besoin et que même s'il convient à la plupart des gens, il n'est certainement ni obligatoire, ni opportun pour tous. Ceci nous a amenés à réfléchir quelque peu sur le choix d'un partenaire matrimonial et sur les problèmes que pose la compatibilité des conjoints.

Dans le chapitre suivant, c'est à l'aspect sexuel de la relation amoureuse que j'ai surtout réfléchi avec vous, en parlant successivement de la masturbation, des caresses érotiques, des relations prématrimoniales, de l'impuissance, de la frigidité et de l'adultère. Dans un court chapitre nous avons ensuite exploré la question de l'exercice de la sexualité en dehors du contexte spécifiquement amoureux.

C'est ensuite la question de la communication en amour et dans le mariage qui a retenu notre attention. J'y ai énuméré les caractéristiques d'une communication constructive, reposant avant tout sur des attitudes d'empathie, de respect, de vérité et de précision.

Le chapitre suivant m'a amené à explorer avec vous les questions concernant la procréation et l'éducation des enfants. Nous en avons conclu que la présence des enfants pouvait être un facteur de bonheur et d'équilibre du couple, mais uniquement pour ces personnes qui, paradoxalement, pourraient fort bien être heureuses sans enfants.

L'homosexualité masculine et féminine a retenu notre attention ensuite. Enfin, nous nous sommes penchés sur la question du divorce et de la séparation pour tenter, là aussi, de détruire les mythes et d'amener à l'élaboration d'idées plus réalistes.

Il me semble que la conclusion la plus générale et la plus fondamentale qu'on puisse dégager des pages qui précèdent consiste à souligner encore une fois que le bonheur, en amour, est inconciliable avec toute forme *d'exigence*. Je souhaiterais beaucoup qu'en terminant ce livre vous ne reteniez que cette seule pensée et que vous y trouviez pour votre vie quotidienne un point de repère constant.

Celui qui exige quoi que ce soit ne peut pas vraiment jouir de la vie tant que cette exigence est présente dans son esprit. La réalité viendra sans cesse contrecarrer ses prétentions et même quand, par hasard, elle semblera s'y soumettre, il ne pourra pas échapper à l'anxiété de la voir un jour s'y opposer. Au contraire, celui qui se borne à désirer, même fortement, tout en se gardant de jamais exiger, connaîtra le bonheur qu'il est possible à un être humain d'atteindre, compte tenu des circonstances concrètes de son existence. Ce n'est pas là prêcher la résignation passive, qui n'est souvent qu'une forme larvée de démission et d'affaissement, mais c'est bien se rendre compte que la réalité extérieure existe comme elle est et qu'il n'y a pas de raison pour qu'elle soit autrement. Elle demeure parfois modifiable dans certains de ses aspects, mais bien plus sûrement par celui qui s'applique patiemment et sans fureur exigeante à le faire que par celui qui s'y heurte en décriant son injustice et le "besoin" qu'il a qu'elle soit autrement.

Il n'y a finalement pas de raison pour qu'un être humain soit longuement ou fortement anxieux ou troublé à propos de quelque facette que ce soit de l'univers, s'il prend soin de ne pas entretenir dans son esprit les notions et les idées irréalistes qui, seules, peuvent causer son anxiété et son trouble. Il faut bien reconnaître que les idées irréalistes sur toute espèce de sujet, et notamment sur celui de l'amour, foisonnent dans notre culture, qu'elles se présentent souvent parées des prestigieux atours de la tradition et de l'unanimité, qu'elles sont présentées avec tout l'art qu'a pu développer la publicité et qu'il n'est pas en conséquence facile de les dépister et de les combat-

Par ailleurs, il ne manque pas de recherches qui démontrent que, dans certaines circonstances, des non-professionnels convenablement formés peuvent être aussi, et même plus efficaces, comme agents de changement que de nombreux professionnels. J'ai donc entrepris depuis plusieurs années de former de tels aidants non professionnels qui pourraient apprendre d'abord à s'aider eux-mêmes pour ensuite éventuellement utiliser cette formation au profit des personnes de leur propre milieu social.

Les Ateliers de développement émotivo-rationnel (ADER) sont nés en juin 1977. A l'époque, ils regroupaient une quinzaine de moniteurs qui, chacun dans leur milieu, ont consacré durant une année une partie de leurs loisirs à entraîner d'autres personnes à utiliser dans leur vie de tous les jours les principes et les pratiques de l'approche émotivo-rationnelle que j'ai présentés dans mes livres *S'aider soi-même* et *Vaincre ses peurs*.

Au moment où j'écris ces lignes, nous entreprenons une deuxième année et le nombre des moniteurs atteint maintenant trente-sept. Chacun d'entre eux s'occupe, seul ou avec un autre moniteur, d'animer des réunions d'un groupe d'environ dix personnes. Comme le mot "Atelier" l'indique, il ne s'agit pas de cours ou de leçons théoriques, mais bien d'une démarche qui, partant des préoccupations et des problèmes concrets, s'efforce, en suivant la méthode émotivo-rationnelle, d'apporter des éléments de solution à ces problèmes.

Toute personne intéressée peut demander à participer aux activités d'un groupe ADER, quels que soient son état civil, son occupation, son âge, sa religion ou ses autres caractéristiques personnelles. Les groupes se réunissent en principe toutes les deux semaines et les participants sont également amenés à travailler personnellement durant la période qui s'étend d'une réunion à l'autre. L'objectif est toujours le même: apprendre en groupe à s'aider soi-même, et donc pour chacun à tirer un meilleur parti des circonstances concrètes de sa vie.

Il n'est pas encore possible après une seule année d'activité de tirer des conclusions élaborées quant à l'efficacité de cette méthode et au profit que peuvent en retirer les participants. Les premières données me permettent tout de même d'affirmer que, dans un certain nombre de cas, ce profit a été très considérable et que, dans beaucoup d'autres, les participants ont semblé retirer un bénéfice notable des activités de leur groupe, ce qui se manifeste d'ailleurs par le désir de nombre d'entre eux de poursuivre les activités du groupe pendant une deuxième année.

Il existe des groupes ADER dans plus de vingt milieux urbains et ou ruraux du Québec et de l'étranger. On peut obtenir la liste des groupes et d'autres détails en écrivant au Secrétariat Permanent ADER, 5055 avenue Gatineau, Montréal, Québec, H3V-1E4, Canada, ou en téléphonant à (514) 735-6595. Les personnes intéressées à entreprendre une formation de moniteur peuvent également obtenir au même endroit tous les renseignements pertinents.

Références

Auger, L., *Communication et épanouissement personnel: la relation d'aide,* Editions de l'Homme — Editions du CIM, Montréal, 1972.

Auger, L., *S'aider soi-même: une psychothérapie par la raison,* Edition de l'Homme — Editions du CIM, Montréal, 1974.

Auger, L., *Vaincre ses peurs,* Editions de l'Homme — Editions du CIM, Montréal, 1977.

Ellis, A., *Sex without guilt,* New-York, Lyle Stuart, 1958.

Ellis, A., & Harper, R., *Creative Marriage,* New York, Lyle Stuart, 1961.

Ellis, A. & Grieger, R. *Handbook of Rational-Emotive Therapy,* New-York, Springer, 1977.

Goleman, D. & Bush, S. "The liberation of Sexual Fantasy," in: *Psychology Today,* October 1977, 48-53

Hariton, E.B. "The Sexual fantasies of Women," in: *Psychology Today,* March 1973, 39-44.

Kaplan, H.S. *The Illustrated Manual of Sex Therapy,* New York, Quadrangle, 1975. Traduit sous le titre: *Le Bonheur dans le couple,* Montréal, Stanké, 1977.

Lee, J.A., *Colours of Love,* Toronto, New Press, 1974.

Sadock, B.J., Kaplan, H.I., & Freedman, A.M., *The Sexual Experience,* Baltimore, Williams & Wilkins, 1976.

Achevé d'imprimer sur les presses de
L'IMPRIMERIE ELECTRA*
pour
LES ÉDITIONS DE L'HOMME LTÉE
*Division du groupe Sogides Ltée

Imprimé au Canada/Printed in Canada

Ouvrages parus
chez les Éditeurs du groupe Sogides

Ouvrages parus aux
ÉDITIONS
DE L'HOMME

ALIMENTATION — SANTÉ

Alimentation pour futures mamans, Mmes Sekely et Gougeon

Les allergies, Dr Pierre Delorme

Apprenez à connaître vos médicaments, René Poitevin

L'art de vivre en bonne santé, Dr Wilfrid Leblond

Bien dormir, Dr James C. Paupst

La boîte à lunch, Louise Lambert-Lagacé

La cellulite, Dr Gérard J. Léonard

Comment nourrir son enfant, Louise Lambert-Lagacé

La congélation des aliments, Suzanne Lapointe

Les conseils de mon médecin de famille, Dr Maurice Lauzon

Contrôlez votre poids, Dr Jean-Paul Ostiguy

Desserts diététiques, Claude Poliquin

La diététique dans la vie quotidienne, Louise L.-Lagacé

En attendant notre enfant, Mme Yvette Pratte-Marchessault

Le face-lifting par l'exercice, Senta Maria Rungé

La femme enceinte, Dr Robert A. Bradley

Guérir sans risques, Dr Emile Plisnier

Guide des premiers soins, Dr Joël Hartley

La maman et son nouveau-né, Trude Sekely

La médecine esthétique, Dr Guylaine Lanctôt

Menu de santé, Louise Lambert-Lagacé

Pour bébé, le sein ou le biberon, Yvette Pratte-Marchessault

Pour vous future maman, Trude Sekely

Recettes pour aider à maigrir, Dr Jean-Paul Ostiguy

Régimes pour maigrir, Marie-José Beaudoin

Santé et joie de vivre, Dr Jean-Paul Ostiguy

Le sein, En collaboration

Soignez-vous par le vin, Dr E.A. Maury

Sport — santé et nutrition, Dr Jean-Paul Ostiguy

Tous les secrets de l'alimentation, Marie-Josée Beaudoin

ART CULINAIRE

101 omelettes, Marycette Claude
L'art d'apprêter les restes, Suzanne Lapointe
L'art de la cuisine chinoise, Stella Chan
La bonne table, Juliette Huot
La brasserie la mère Clavet vous présente ses recettes, Léo Godon
Canapés et amuse-gueule
Les cocktails de Jacques Normand, Jacques Normand
Les confitures, Misette Godard
Les conserves, Soeur Berthe
La cuisine aux herbes
La cusine chinoise, Lizette Gervais
La cuisine de maman Lapointe, Suzanne Lapointe
La cuisine de Pol Martin, Pol Martin
La cuisine des 4 saisons, Hélène Durand-LaRoche
La cuisine en plein air, Hélène Doucet Leduc
La cuisine micro-ondes, Jehane Benoit
Cuisiner avec le robot gourmand, Pol Martin
Du potager à la table, Paul Pouliot et Pol Martin
En cuisinant de 5 à 6, Juliette Huot
Fondue et barbecue
Fondues et flambées de maman Lapointe, S. et L. Lapointe
Les fruits, John Goode
La gastronomie au Québec, Abel Benquet
La grande cuisine au Pernod, Suzanne Lapointe
Les grillades
Hors-d'oeuvre, salades et buffets froids, Louis Dubois
Les légumes, John Goode
Liqueurs et philtres d'amour, Hélène Morasse
Ma cuisine maison, Jehane Benoit
Madame reçoit, Hélène Durand-LaRoche
La pâtisserie, Maurice-Marie Bellot
Poissons et crustacés
Poissons et fruits de mer, Soeur Berthe
Le poulet à toutes les sauces, Monique Thyraud de Vosjoli
Les recettes à la bière des grandes cuisines Molson, Marcel L. Beaulieu
Recettes au blender, Juliette Huot
Recettes de gibier, Suzanne Lapointe
Les recettes de Juliette, Juliette Huot
Les recettes de maman, Suzanne Lapointe
Les techniques culinaires, Soeur Berthe Sansregret
Vos vedettes et leurs recettes, Gisèle Dufour et Gérard Poirier
Y'a du soleil dans votre assiette, Francine Georget

DOCUMENTS — BIOGRAPHIES

Action Montréal, Serge Joyal
L'architecture traditionnelle au Québec, Yves Laframboise
L'art traditionnel au Québec, M. Lessard et H. Marquis
Artisanat québécois 1, Cyril Simard
Artisanat Québécois 2, Cyril Simard
Artisanat Québécois 3, Cyril Simard
Les bien-pensants, Pierre Berton
La chanson québécoise, Benoît L'Herbier
Charlebois, qui es-tu? Benoit L'Herbier
Le comité, M. et P. Thyraud de Vosjoli
Deux innocents en Chine rouge, Jacques Hébert et Pierre E. Trudeau
Duplessis, tome 1: L'ascension, Conrad Black
Les mammifères de mon pays, St-Denys, Duchesnay et Dumais
Margaret Trudeau, Felicity Cochrane
Masques et visages du spiritualisme contemporain, Julius Evola
Mon calvaire roumain, Michel Solomon
Les moulins à eau de la vallée du Saint-Laurent, F. Adam-Villeneuve et C. Felteau
Mozart raconté en 50 chefs-d'oeuvre, Paul Roussel
La musique au Québec, Willy Amtmann
Les objets familiers de nos ancêtres, Vermette, Genêt, Décarie-Audet
L'option, J.-P. Charbonneau et G. Paquette
Option Québec, René Lévesque

Duplessis, tome 2: Le pouvoir Conrad Black

La dynastie des Bronfman, Peter C. Newman

Les écoles de rasb au Québec, Jacques Dorion

Égalité ou indépendance, Daniel Johnson

Envol — Départ pour le début du monde, Daniel Kemp

Les épaves du Saint-Laurent, Jean Lafrance

L'ermite, T. Lobsang Rampa

Le fabuleux Onassis, Christian Cafarakis

La filière canadienne, Jean-Pierre Charbonneau

Le grand livre des antiquités, K. Bell et J. et E. Smith

Un homme et sa mission, Le Cardinal Léger en Afrique

Information voyage, Robert Viau et Jean Daunais

Les insolences du Frère Untel, Frère Untel

Lamia, P.L. Thyraud de Vosjoli

Magadan, Michel Solomon

La maison traditionnelle au Québec, Michel Lessard et Gilles Vilandré

La maîtresse, W. James, S. Jane Kedgley

Les papillons du Québec, B. Prévost et C. Veilleux

La petite barbe. J'ai vécu 40 ans dans le Grand Nord, André Steinmann

Pour entretenir la flamme, T. Lobsang Rampa

Prague l'été des tanks, Desgraupes, Dumayet, Stanké

Premiers sur la lune, Armstrong, Collins, Aldrin Jr

Provencher, le dernier des coureurs de bois, Paul Provencher

Le Québec des libertés, Parti Libéral du Québec

Révolte contre le monde moderne, Julius Evola

Le struma, Michel Solomon

Le temps des fêtes, Raymond Montpetit

Le terrorisme québécois, Dr Gustave Morf

La treizième chandelle, T. Lobsang Rampa

La troisième voie, Emile Colas

Les trois vies de Pearson, J.-M. Poliquin, J.R. Beal

Trudeau, le paradoxe, Anthony Westell

Vizzini, Sal Vizzini

Le vrai visage de Duplessis, Pierre Laporte

ENCYCLOPÉDIES

L'encyclopédie de la chasse, Bernard Leiffet

Encyclopédie de la maison québécoise, M. Lessard, H. Marquis

Encyclopédie des antiquités du Québec, M. Lessard, H. Marquis

Encyclopédie des oiseaux du Québec, W. Earl Godfrey

Encyclopédie du jardinier horticulteur, W.H. Perron

Encyclopédie du Québec, vol. I, Louis Landry

Encyclopédie du Québec, vol. II, Louis Landry

LANGUE

Améliorez votre français, Professeur Jacques Laurin

L'anglais par la méthode choc, Jean-Louis Morgan

Corrigeons nos anglicismes, Jacques Laurin

Notre français et ses pièges, Jacques Laurin

Petit dictionnaire du joual au français, Augustin Turenne

Les verbes, Jacques Laurin

LITTÉRATURE

22 222 milles à l'heure, Geneviève Gagnon

Aaron, Yves Thériault

Adieu Québec, André Bruneau

Agaguk, Yves Thériault

L'allocutaire, Gilbert Langlois

Les Berger, Marcel Cabay-Marin

Bigaouette, Raymond Lévesque

Le bois pourri, Andrée Maillet

Bousille et les justes (Pièce en 4 actes), Gratien Gélinas

Cap sur l'enfer, Ian Slater

Les carnivores, François Moreau

Carré Saint-Louis, Jean-Jules Richard

Les cent pas dans ma tête, Pierre Dudan

Centre-ville, Jean-Jules Richard

Chez les termites, Madeleine Ouellette-Michalska

Les commettants de Caridad, Yves Thériault

Cul-de-sac, Yves Thériault

D'un mur à l'autre, Paul-André Bibeau

Danka, Marcel Godin

La débarque, Raymond Plante

Les demi-civilisés, Jean-C. Harvey

Le dernier havre, Yves Thériault

Le domaine Cassaubon, Gilbert Langlois

Le dompteur d'ours, Yves Thériault

Le doux mal, Andrée Maillet

Échec au réseau meurtrier, Ronald White

L'emprise, Gaétan Brulotte

L'engrenage, Claudine Numainville

En hommage aux araignées, Esther Rochon

Et puis tout est silence, Claude Jasmin

Exodus U.K., Richard Rohmer

Exxoneration, Richard Rohmer

Faites de beaux rêves, Jacques Poulin

La fille laide, Yves Thériault

Fréquences interdites, Paul-André Bibeau

La fuite immobile, Gilles Archambault

J'parle tout seul quand Jean Narrache, Emile Coderre

Le jeu des saisons, M. Ouellette-Michalska

Joey et son 29e meurtre, Joey

Joey tue, Joey

Joey, tueur à gages, Joey

Lady Sylvana, Louise Morin

La marche des grands cocus, Roger Fournier

Moi ou la planète, Charles Montpetit

Le monde aime mieux..., Clémence Des-Rochers

Monsieur Isaac, G. Racette et N. de Bellefeuille

Mourir en automne, Claude DeCotret

N'tsuk, Yves Thériault

Neuf jours de haine, Jean-Jules Richard

New Medea, Monique Bosco

L'ossature, Robert Morency

L'outaragasipi, Claude Jasmin

La petite fleur du Vietnam, Clément Gaumont

Pièges, Jean-Jules Richard

Porte silence, Paul-André Bibeau

Porte sur l'enfer, Michel Vézina

Requiem pour un père, François Moreau

La scouine, Albert Laberge

Séparation, Richard Rohmer

Si tu savais..., Georges Dor

Les silences de la Croix-du-Sud, Daniel Pilon

Tayaout — fils d'Agaguk, Yves Thériault

Les temps du carcajou, Yves Thériault

Tête blanche, Marie-Claire Blais

Tit-Coq, Gratien Gélinas

Les tours de Babylone, Maurice Gagnon

Le trou, Sylvain Chapdelaine

Ultimatum, Richard Rohmer

Un simple soldat, Marcel Dubé

Valérie, Yves Thériault

Les vendeurs du temple, Yves Thériault

Les visages de l'enfance, Dominique Blondeau

La vogue, Pierre Jeancard

LIVRES PRATIQUES — LOISIRS

8/super 8/16, André Lafrance

L'ABC du marketing, André Dahamni

Initiation au système métrique, Louis Stanké

Les abris fiscaux, Robert Pouliot et al.

Améliorons notre bridge, Charles A. Durand

Les appareils électro-ménagers

Apprenez la photographie avec Antoine Desilets, Antoine Desilets

L'art du dressage de défense et d'attaque, Gilles Chartier

Bien nourrir son chat, Christian d'Orangeville

Bien nourrir son chien, Christian d'Orangeville

Les bonnes idées de maman Lapointe, Lucette Lapointe

Le bricolage, Jean-Marc Doré

Le bridge, Viviane Beaulieu

Le budget, En collaboration

100 métiers et professions, Guy Milot

Les chaînes stéréophoniques, Gilles Poirier

La chasse photographique, Louis-Philippe Coiteux

Ciné guide, André Lafrance

Collectionner les timbres, Yves Taschereau

Comment aménager une salle de séjour

Comment tirer le maximum d'une mini-calculatrice, Henry Mullish

Comment amuser nos enfants, Louis Stanké

Conseils aux inventeurs, Raymond-A. Robic

Le cuir, L. Saint-Hilaire, W. Vogt

La danse disco, Jack et Kathleen Villani

Décapage, rembourrage et finition des meubles, Bricolage maison

La décoration intérieure, Bricolage maison

La dentelle, Andrée-Anne de Sève

Dictionnaire des affaires, Wilfrid Lebel

Dictionnaire des mots croisés. Noms communs, Paul Lasnier

Dictionnaire des mots croisés. Noms propres, Piquette, Lasnier et Gauthier

Dictionnaire économique et financier, Eugène Lafond

Dictionnaire raisonné des mots croisés, Jacqueline Charron

Distractions mathématiques, Charles E. Jean

Entretenir et embellir sa maison

Entretien et réparation de la maison

L'étiquette du mariage, Fortin-Jacques-St-Denis-Farley

Fabriquer soi-même des meubles

Je développe mes photos, Antoine Desilets

Je prends des photos, Antoine Desilets

Le jeu de la carte et ses techniques, Charles-A. Durand

Les jeux de cartes, George F. Hervey

Les jeux de dés, Skip Frey

Jeux de société, Louis Stanké

Les lignes de la main, Louis Stanké

La loi et vos droits, Me Paul-Emile Marchand

Magie et tours de passe-passe, Ian Adair

La magie par la science, Walter B. Gibson

Manuel de pilotage,

Le massage, Byron Scott

Mathématiques modernes pour tous, Guy Bourbonnais

La mécanique de mon auto, Time-Life Book

La menuiserie: les notions de base

La météo, Alcide Ouellet

Les meubles

La nature et l'artisanat, Soeur Pauline Roy

Les noeuds, George Russel Shaw

La p'tite ferme, Jean-Claude Trait

Les outils électriques: quand et comment les utiliser

Les outils manuels: quand et comment les utiliser

L'ouverture aux échecs, Camille Coudari

Payez moins d'impôt, Robert Pouliot

Petit manuel de la femme au travail, Lise Cardinal

Les petits appareils électriques

La photo de A à Z, Desilets, Coiteux, Gariépy

Photo-guide, Antoine Desilets

Piscines, barbecues et patios

Poids et mesures calcul rapide, Louis Stanké

Races de chats, chats de race, Christian d'Orangeville

Races de chiens, chiens de race, Dr Christian d'Orangeville

Les règles d'or de la vente, George N. Kahn

Le savoir-vivre d'aujourd'hui, Marcelle Fortin-Jacques

Savoir-vivre, Nicole Germain

Scrabble, Daniel Gallez

Le/la secrétaire bilingue, Wilfrid Lebel

Le squash, Jim Rowland

La tapisserie, T.M. Perrier, N.B. Langlois

Fins de partie aux dames, H. Tranquille, G. Lefebvre
Le fléché, F. Bourret, L. Lavigne
La fourrure, Caroline Labelle
Gagster, Claude Landré
Le guide complet de la couture, Lise Chartier
Guide du propriétaire et du locataire, M. Bolduc, M. Lavigne, J. Giroux
Guide du véhicule de loisir, Daniel Héraud
La guitare, Peter Collins
L'hypnotisme, Jean Manolesco

La taxidermie, Jean Labrie
Technique de la photo, Antoine Desilets
Tenir maison, Françoise Gaudet-Smet
Terre cuite, Robert Fortier
Tout sur le macramé, Virginia I. Harvey
Les trouvailles de Clémence, Clémence Desrochers
Vivre, c'est vendre, Jean-Marc Chaput
Voir clair aux dames, H. Tranquille, G. Lefebvre
Voir clair aux échecs, Henri Tranquille
Votre avenir par les cartes, Louis Stanké
Votre discothèque, Paul Roussel

PLANTES — JARDINAGE

Arbres, haies et arbustes, Paul Pouliot
La culture des fleurs, des fruits et des légumes
Dessiner et aménager son terrain
Le jardinage, Paul Pouliot
Je décore avec des fleurs, Mimi Bassili

Les plantes d'intérieur, Paul Pouliot
Les techniques du jardinage, Paul Pouliot
Les terrariums, Ken Kayatta et Steven Schmidt
Votre pelouse, Paul Pouliot

PSYCHOLOGIE — ÉDUCATION

Aidez votre enfant à lire et à écrire, Louise Doyon-Richard
L'amour de l'exigence à la préférence, Lucien Auger
Caractères et tempéraments, Claude-Gérard Sarrazin
Les caractères par l'interprétation des visages, Louis Stanké
Comment animer un groupe, Collaboration
Comment vaincre la gêne et la timidité, René-Salvator Catta
Communication et épanouissement personnel, Lucien Auger
Complexes et psychanalyse, Pierre Valinieff
Contact, Léonard et Nathalie Zunin
Cours de psychologie populaire, Fernand Cantin
Découvrez votre enfant par ses jeux, Didier Calvet
La dépression nerveuse, En collaboration

Futur père, Yvette Pratte-Marchessault
Hatha-yoga pour tous, Suzanne Piuze
Interprétez vos rêves, Louis Stanké
J'aime, Yves Saint-Arnaud
Le langage de votre enfant, Professeur Claude Langevin
Les maladies psychosomatiques, Dr Roger Foisy
La méditation transcendantale, Jack Forem
La personne humaine, Yves Saint-Arnaud
La première impression, Chris L. Kleinke
Préparez votre enfant à l'école, Louise Doyon-Richard
Relaxation sensorielle, Pierre Gravel
S'aider soi-même, Lucien Auger
Savoir organiser: savoir décider, Gérald Lefebvre
Se comprendre soi-même, Collaboration
Se connaître soi-même, Gérard Artaud
La séparation du couple, Dr Robert S. Weiss

Le développement psychomoteur du bébé, Didier Calvet
Développez votre personnalité, vous réussirez, Sylvain Brind'Amour
Les douze premiers mois de mon enfant, Frank Caplan
Dynamique des groupes, J.-M. Aubry, Y. Saint-Arnaud
Être soi-même, Dorothy Corkille Briggs
Le facteur chance, Max Gunther
La femme après 30 ans, Nicole Germain

Vaincre ses peurs, Lucien Auger
La volonté, l'attention, la mémoire, Robert Tocquet
Vos mains, miroir de la personnalité, Pascale Maby
Vouloir c'est pouvoir, Raymond Hull
Yoga, corps et pensée, Bruno Leclercq
Le yoga des sphères, Bruno Leclercq
Le yoga, santé totale, Guy Lescouflair

SEXOLOGIE

L'adolescent veut savoir, Dr Lionel Gendron
L'adolescente veut savoir, Dr Lionel Gendron
L'amour après 50 ans, Dr Lionel Gendron
La contraception, Dr Lionel Gendron
Les déviations sexuelles, Dr Yvan Léger
La femme enceinte et la sexualité, Elisabeth Bing, Libby Colman
La femme et le sexe, Dr Lionel Gendron
Helga, Eric F. Bender
L'homme et l'art érotique, Dr Lionel Gendron
Les maladies transmises par relations sexuelles, Dr Lionel Gendron

La mariée veut savoir, Dr Lionel Gendron
La ménopause, Dr Lionel Gendron
La merveilleuse histoire de la naissance, Dr Lionel Gendron
Qu'est-ce qu'un homme?, Dr Lionel Gendron
Qu'est-ce qu'une femme?, Dr Lionel Gendron
Quel est votre quotient psycho-sexuel?, Dr Lionel Gendron
La sexualité, Dr Lionel Gendron
La sexualité du jeune adolescent, Dr Lionel Gendron
Le sexe au féminin, Carmen Kerr
Yoga sexe, S. Piuze et Dr L. Gendron

SPORTS

L'ABC du hockey, Howie Meeker
Aïkido — au-delà de l'agressivité, M. N.D. Villadorata et P. Grisard
Les armes de chasse, Charles Petit-Martinon
La bicyclette, Jeffrey Blish
Les Canadiens, nos glorieux champions, D. Brodeur et Y. Pedneault
Canoé-kayak, Wolf Ruck
Carte et boussole, Bjorn Kjellstrom
Comment se sortir du trou au golf, L. Brien et J. Barrette
Le conditionnement physique, Chevalier, Laferrière et Bergeron
Devant le filet, Jacques Plante
En forme après 50 ans, Trude Sekely

Nadia, Denis Brodeur et Benoît Aubin
La natation de compétition, Régent LaCoursière
La navigation de plaisance au Québec, R. Desjardins et A. Ledoux
Mes observations sur les insectes, Paul Provencher
Mes observations sur les mammifères, Paul Provencher
Mes observations sur les oiseaux, Paul Provencher
Mes observations sur les poissons, Paul Provencher
La pêche à la mouche, Serge Marleau
La pêche au Québec, Michel Chamberland

En superforme, Dr Pierre Gravel, D.C.

Entraînement par les poids et haltères, Frank Ryan

Exercices pour rester jeune, Trude Sekely

Exercices pour toi et moi, Joanne Dussault-Crobeil

La femme et le karaté samouraï, Roger Lesourd

Le français au football, Ligue canadienne de football

Le guide du judo (technique au sol), Louis Arpin

Le guide du judo (technique debout), Louis Arpin

Le guide du self-defense, Louis Arpin

Guide du trappeur, Paul Provencher

Initiation à la plongée sous-marine, René Goblot

J'apprends à nager, Régent LaCoursière

Le jeu défensif au hockey, Howie Meeker

Jocelyne Bourassa, D. Brodeur et J. Barrette

Le jogging, Richard Chevalier

Le karaté, Yoshinao Nanbu

Le kung-fu, Roger Lesourd

La lutte olympique, Marcel Sauvé, Ronald Ricci

Maurice Richard, l'idole d'un peuple, Jean-Marie Pellerin

Mon coup de patin, le secret du hockey, John Wild

Les pistes de ski de fond au Québec, C. Veilleux et B. Prévost

Programme XBX de l'Aviation royale du Canada

Puissance au centre, Jean Béliveau, Hugh Hood

La raquette, W. Osgood et L. Hurley

Le ski, Willy Schaffler et Erza Bowen

Le ski avec Nancy Greene, Nancy Greene et Al Raine

Le ski de fond, John Caldwell

Le ski nautique, G. Athans Jr et C. Ward

La stratégie au hockey, John Meagher

Les surhommes du sport, Maurice Desjardins

Techniques du billard, Pierre Morin

Techniques du golf, Luc Brien et Jacques Barrette

Techniques du hockey en U.R.S.S., André Ruel et Guy Dyotte

Techniques du tennis, Ellwanger

Le tennis, William F. Talbert

Tous les secrets de la chasse, Michel Chamberland

Le troisième retrait, C. Raymond et M. Gaudette

Vivre en forêt, Paul Provencher

Vivre en plein air camping-caravaning, Pierre Gingras

La voie du guerrier, Massimo N. di Villadorata

La voile, Nick Kebedgy

Imprimé au Canada
Printed in Canada